U0129430

呂后

漢高祖

惠帝

绣像西汉演义 清 袁宏道撰 光绪1895刊本

王立群 著

无冕女皇

吕后

王立群读史记

东方出版社

无底线追逐皇权是吕后最大的失败

《史记》十二本纪中有《吕太后本纪》，却没有《汉惠帝本纪》。汉惠帝作为刘邦之后汉帝国的第一位继承者，却成为汉代历史上第一位没有独立传记的皇帝，令人深思。

秦始皇创立的秦制，有一个极为鲜明的特点：皇帝是秦制下拥有最高权力的唯一之人。汉惠帝作为汉帝国的皇帝，应该是汉帝国最有权力的人，为什么存在感这么低呢？

原因很多，最重要的一点是：吕后是一位将皇权演绎到极致的皇太后。在这位皇太后的巨大阴影下，汉惠帝几乎让人看不到了当属正常。天无二日，国无二主。吕后一枝独秀，惠帝自然不见遗迹了。

吕后无底线地霸道、弄权，由来已久。

吕后做皇后时，已经展现出无底线的干政能力，彭越因为不听刘邦率兵平叛的号令，被人举报谋反，刘邦将其发配至蜀地，彭越路遇吕后，以为遇到了恩人，即向吕后诉冤。吕后将其带回京，并告诉刘邦：此人不可放，遂冤杀彭越。

刘邦在外平叛，韩信在京谋反。吕后用萧何计，骗韩信入宫，立斩韩信。

刘邦得天下，军事上主要靠韩信、彭越、黥布三大将。其中，两位大将被吕后所杀。尤其是杀韩信，竟然连刘邦都不请示，即抓即斩。彭越被杀后，还要将其身体做成肉醢 (hǎi)，送给天下诸侯亲尝。这种无底线思维的残忍做法，引起了刘姓诸侯王和功臣派的极大不满。

像彭越这样没有政治头脑和政治抱负、只会打仗的大功臣，养起来即可，至多发配蜀地吧！冤杀开国功臣，还要制成肉醢，分送天下诸侯王，太残忍了，一举击穿了人们的心理底线，留下了千古骂名。

有家业的人，尤其是创业成功的人，都很看重家业的传承。皇帝的家业是天下最大的家业，自然更会受到开国皇帝的重视。刘邦从社会底层起家，数年间成为大汉王朝的开国皇帝。时代巨变，让一位秦帝国的基层小吏成为大汉帝国的开国之君。深谙帝位来之不易的刘邦，晚年与朝中大臣定下了"白马盟誓"："不是刘姓皇族的人不能封王，不是立有大功的人不能封侯"；如果有人违反这两条，天下人可以群起而攻之。刘邦"盟誓"的目的非常明确：保住刘姓皇族的家业，让皇帝之位永远在刘姓皇族子孙中流传。

确立太子是保证皇权在刘姓皇族子孙中流传的重要一环。刘邦受封汉王的第二年，立嫡长子刘盈为太子。因为长子刘肥是庶子，其他皇子多年幼，嫡长子刘盈入选太子是必然的。但是，刘邦立储过早，也留下了一个遗憾：如果发现嫡长子的能力不足以驾驭皇权，庶子中有能力的皇子能不能立为太子呢？实际就是立嫡立长和立优相比较时，该如何选择呢？这是刘邦给自己留下的一道难题。

从理论上讲，刘邦八个儿子都可以从"王"位入继大统；但是，吕后担心其他皇子对惠帝形成"威胁"，主张严格嫡庶之分。

刘邦晚年，曾打算以戚夫人之子刘如意代替太子刘盈。戚夫人深得刘邦宠爱是其中原因之一，更重要的是他发现刘如意的性格、作为，酷似自己。

但是，刘邦晚年的易储，却遭遇众多大臣的极力反对；反对的主因是不应废嫡立庶、废长立幼，因为他们看到的是戚夫人、刘如意的受宠，并不了解刘邦此举实为太子刘盈的无能。后来的事实证明，刘邦对太子刘盈的看法是准确的。只是刘邦没有看到，其母不受自己宠爱的代王刘恒，才是高祖八男中最有才华的人。不甘坐以待毙的吕后劫持张良出谋，以卑辞厚礼聘请四位须发全白的隐士护佑太子，造成刘盈深得民心的假象，终止了刘邦的易储，让太子刘盈成功上位为汉帝国的第二位皇帝。

吕后认为：这场易储风波是戚夫人向自己夺宠，刘如意向太子夺位，二人都在必杀之列。

刘邦下世后，吕后首先将自己最痛恨的戚夫人残害为"人彘"，并邀汉惠帝来观赏自己的"杰作"。汉惠帝看到父皇生前年轻、漂亮的戚夫人被母后残害为"人彘"时，顿时受到严重惊吓，精神几近崩溃。回宫后不再处理朝政，天天沉迷酒色，二十三岁即下世。吕后肆意炫耀皇权的任性，不知道儿子心理上脆弱的承受能力，一番"成果"展示，断送了儿子的性命，真真是吕后始料未及的。

吕后对戚夫人毫无底线！戚夫人可以打入冷宫，但不能杀，更不能残杀，吕后最终将戚夫人残害了；还要让自己的儿子汉惠帝来观赏自己的"作品"！

皇三子赵王刘如意，在其母戚夫人被残害后，惠帝刘盈知道母后绝对不会放过这个弟弟，于是千方百计地保护刘如意，最终因为一个早晨的疏忽，刘如意被吕后毒杀。

吕后毒杀刘如意同样毫无底线！刘如意是刘邦宠妃戚夫人的儿子，刘邦喜欢这个儿子，多次说"如意类我"。这个孩子无罪，要他继太子之位的是他的父亲刘邦，并不干这个孩子什么事。非要将这个孩子毒死，太残忍，太无底线！

皇长子齐王刘肥，虽为庶出，但其年龄最长，刘邦给他的封地也最大。刘肥安分守己，从无非分之想。只因一次家宴，应热情的弟弟汉惠帝之邀，坐了一个上座，吕后立即拿两杯毒酒要毒杀刘肥。幸亏惠帝也端起了其中的一杯毒酒，被吕后一掌打掉，刘肥方知此酒有毒，不敢再喝。若不是惠帝的无心之举，刘肥早就命殒家宴了。事后，刘肥被扣京师，不得返回齐国。刘肥在其部下的建议下，拿出一个郡送给妹妹（吕后之女鲁元公主），吕后才放他返回封地。后来，吕后又接连割走齐王刘肥的两个郡。损失几乎一半齐地的刘肥，一肚子闷气，又无法发作，没几年就含恨而终。

吕后仅仅因为一次家宴的座次，就要毒杀皇长子刘肥。何况这是惠帝刘盈的好意，并非刘肥要乱了尊卑。其他庶子都尊称他为"嫡母"，吕后的所作所为却是为母不尊；为人做事，毫无底线。

皇四子代王刘恒，特别会卖惨，靠着卖傻、卖呆、卖弱智三招，加上其母不受刘邦青睐，自己"甘愿"为嫡母守边代地，让吕后认为他是一位不能成事的窝囊废，逃过一劫。

皇五子不满吕姓王后，殉情自杀。你绝情，我也绝情，吕后干脆不让皇五子以皇子身份入葬皇家墓地，这是开除族籍。族籍是按血缘划定的，皇五子因为不满吕后对自己婚姻的管制而殉情，被吕后认定是自绝于皇家！削除皇子身份，这还有一点皇太后的底线吗？血缘关系怎么能够说不算就不算了呢？

皇六子因被迫娶了吕姓女子，心中极不乐意，又不敢拒绝，年轻人的感情生活往往伴随着"爱"！皇六子有自己喜欢的女人，但不能娶，嫡母偏偏要他娶一个他不喜欢的吕姓女子，这样便于控制刘姓皇子。偏偏这位皇六子很执拗，结果被吕后囚禁在京城住所，不准任何人送饭，活活被饿死。

吕后也是轻率！佛挡杀佛，皇子挡杀皇子！毫无为人嫡母的底线。

皇七子淮南王刘长，由吕后养大，得以全身。

皇八子燕王病故后，其子被吕后杀害，改封吕氏为燕王。这位燕王之子并无任何过失，吕后只是为了让他腾位置，就派人干掉他，让出位置封吕姓王。老大、老三、老五、老六受到吕后清剿，多多少少还有点由头。杀燕王之子却一点由头都没有。这种杀人让位的手法开创了一个新案例。吕后毫无为人底线已经赤裸裸不做任何遮掩了！

经过吕后对刘邦诸子的一番整肃，高祖八位皇子中，只留下皇四子代王刘恒和皇七子淮南王刘长，皇族派力量被大大削减。

此时，真正实力强大的是跟随刘邦打天下的功臣派。

吕后非常清楚功臣派的力量强大。刘邦下世后，她秘不发丧，企图尽诛朝中功臣。这些功臣，都是刘邦打天下的得力干将，也是拥护皇族派的中坚力量。

一个意外事件，打乱了吕后的安排："高阳酒徒"郦食其 (yì jī) 的弟弟郦商，得知吕后的计划后，向吕后宠臣审食其说明功臣派两位大将周勃、灌婴，各率一支重兵在关外。一旦诛杀朝中功臣派，这两支重兵必然要杀入关中，天下刘姓诸侯王再群起响应，京城马上会陷入危局。审食其赶快汇报，权衡利害的吕后虽心有不甘，但不敢冒险，最终放弃了自己的计划。但是，吕后对刘姓皇子、皇孙的无底线整肃，大封吕姓王，已经在未得到整肃的功臣派中累积了太多的仇恨，只等一个爆发时间点了。

受到戚夫人遭残害的强烈刺激，不再处理朝政的惠帝死了，吕后选谁即位呢？

这是吕后人生中又一个重要节点!

此时有两种选择:一是选择惠帝的"庶子",二是选择刘邦的其他皇子。

吕后毫无悬念地选择了惠帝的"庶子"!

为什么不选刘邦的儿子呢?

在吕后的人生逻辑中,只有"刘邦—惠帝—惠帝之子"一系才能称帝;刘邦的其他儿子,绝对不能称帝。

既然执行这一选君原则,吕后应该选择惠帝的嫡子即位。

吕后之所以没有选择惠帝的嫡子即位,是因为惠帝没有嫡子。其因是吕后走了一步臭棋。

吕后一手操办了惠帝的婚姻:将自己的亲外孙女强行嫁给了惠帝。吕后这样做的理由只有一条:儿子贵为皇帝,女儿鲁元公主也得"尊贵",办法就是让鲁元公主的女儿嫁给惠帝成为皇后。

被迫和亲外甥女结婚的汉惠帝,让他的皇后张嫣成了中国历史上的"处女皇后",但他和后宫的宫女生了四个儿子。

吕后对皇权的任性,被惠帝用自己的方式撑了回去。

惠帝下世后,无奈的吕后,只能在惠帝四位年幼的庶子中,先后立了"前少帝""后少帝"继承大统,吕后自己亲掌朝政。

吕后成为帝制下的第一位女主!

这种逼仄的选帝范围，使吕后的路越走越窄，最终陷入了绝境。

吕后选择"后少帝"继位时，她已经进入生命的倒计时。任性而无底线的吕后，只能寄希望于两位亲侄子吕禄、吕产掌握京城兵权，保证吕氏家族的长治久安。

吕后杀伐果决，她在世时，的确能够镇得住皇族派和功臣派。但是，吕后再任性，再无底线，只能在生前八面威风。一旦过世，政局如何发展，吕后便无能为力了。

为了在政治上立于不败之地，吕后最稳妥的办法是在有生之年，寻求与外戚派和皇族派、功臣派的和解，以保证自己身后吕氏家族的安全。

扩大帝位继承人的选择范围，应是安抚两大势力的一剂良方。

惠帝即位时应是十六岁，下世时二十三岁，据此推测，他的四位庶子年龄都不会太大。这四个小娃娃，没有独立执政的经验、能力，历史也没有给他们走到独立执政的时间。仅仅靠自己两个侄子吕禄、吕产掌握军权，维护一个不谙世事的小皇帝，吕氏家族的危机一触即发。

刘邦下世后，吕后利用皇权封了多位吕姓王，公开和刘邦"非刘姓者不能封王"的盟誓相对抗，把自己置于刘姓皇族派和功臣派的对立面，创建了权倾一时的吕氏外戚派。

不懂得和皇族派、功臣派和解的吕后，带着无限的遗憾走完了她的一生。仅仅过了两个月，功臣派与皇族派联手发动政变，灭了吕氏一族，这是吕后一生最大的失败。

随后，功臣派为主导拥立代王刘恒称帝，史称汉文帝，完成了汉帝国皇权的第二次交接。

吕后的失败在于她掌权后的无底线作为和对皇权的任性！

她所做的一切，都是为了保证：自己活着，皇权在自己手中；自己身后，皇权在自己的孙儿手中。皇权，成为吕后心心念念的一切！

无论吕后如何贪恋皇权，她还是无可挽回地走了。她一生对皇权的贪恋，无底线的胡作非为，给后人留下了不可多得的教训。

王立群

2023年12月15日

1. 小人物怕政府，大人物怕历史。

2. 有家业的人，尤其是创业成功的人，都很看重家业的传承。皇帝的家业是天下最大的家业，自然更会受到开国皇帝的重视。

3. 行不苟合，义不取容。

4. 历史往往不太关注小人物，其实，小人物在关键时刻往往非常重要。

5. 嫡长子继位是硬规则，但是，嫡长子无能却不能更换，这是封建帝国制度规定的父死子继制的死穴！在帝国早期的政体下，这一死穴根本无法破解。

6. 人格不抵厚礼，气节败于金钱。

7. 失去了权力，也就失去了一切。保证自己不失去政治权力是政治人物一生中处理一切问题的最高原则。

8. 在政治权力与其感情生活发生矛盾之时，他们(指政治人物)只能选择政治权力。这是虞姬的悲剧，也是戚夫人的悲剧，更是一切介入政治人物感情生活女人的悲剧。

9. 权力不仅可以保护自己，权力还可以战胜对手。

10. 维护既得利益是古今中外既得利益者的共同心态。触及利益远比触及灵魂更让人拼死抵制。

11. 天下安定，人们的眼睛盯着丞相。天下危险，人们的眼睛盯着将军。将相一心，那么士人会全心归附。

12. 权力是有边界的！无限度、无边界地使用权力叫滥权。滥权的结果非常可怕。

13. 君看剃头者，人亦剃其头。

14. 正义不一定属于胜利的一方，邪恶也不是失败者的专利。

目录

吕雉出嫁

吕后位居中国历史上三大女主——吕后、武则天、慈禧——之首。在中国皇权继承制上首创"垂帘制",开启后代母后独掌皇权的先例,对中国古代皇权继承制影响深远。本书所说的"垂帘制"并非今人理解的"垂帘听政",而是将"吕后称制"俗称为"垂帘制",即母后掌权的一种通俗说法,是为了与今人习惯于将母后掌权称为"垂帘听政"取得一致。对于吕后,人们关注较多的是她的凶残、暴虐的一面,对她的一生缺少全面的了解。比如说吕后的婚姻状况怎么样?她从年轻时代开始就是一位凶残、暴虐的女魔头吗?

老爸定的婚姻我没意见

吕后是刘邦当了皇帝之后人们对她的称呼，她的原名叫吕雉。

吕后的家乡是单父（今山东单县）。她父亲的名字由于史书没有记载，今天已经无从考究了，史书称他为吕公。

吕公有四个孩子：长子吕泽，次子吕释之，长女吕雉，次女吕嬃。

吕公和沛县县令是至交好友，吕公惹了仇家，来沛县避祸，并住在县令的家里。后来，吕公对沛县感觉不错，便把家安顿在沛县。

吕公最初客居沛县之时，县里有地位和声望的豪杰与吏员听说县令家来了贵客，都来凑钱喝酒。

单父人吕公善沛令，避仇从之客，因家沛焉。沛中豪杰吏闻令有重客，皆往贺。——《史记·高祖本纪》

这次酒宴，萧何主管收礼。萧何后来成为刘邦麾下三杰之一，官居相国。但这时，他还只是沛县县令手下的一名小小的长吏。

萧何为主吏，主进。——《史记·高祖本纪》

按照萧何定下的规矩，献钱不满一千的人只能坐在堂下喝酒。份子钱超过一千的人才能坐到堂上喝酒。刘邦来到以后，大喊一声"泗水亭长刘季贺钱万"，就直接来到堂上，实际上，刘邦一个子儿没拿。

令诸大夫曰："进不满千钱坐之堂下。"高祖为亭长，素易诸吏，乃绐为谒曰："贺钱万。"实不持一钱。——《史记·高祖本纪》

刘邦为什么敢如此公开撒谎？负责收礼的萧何难道没有发现？

第一，玩笑成习。第二，萧何掩护。

先说第一点。刘邦平日和县里的官员吏员们开玩笑开惯了。据《史记·高祖本纪》记载：刘邦虽然只是一位小小的亭长，但是，他平日却一向藐视县里的这些县吏们，经常和他们戏耍、玩笑，从不把县吏们当回事。他也知道县里这些小吏、豪绅庸才多而能人少，刘邦打心眼里看不起这些县吏、豪绅。

再说第二点。刘邦深知萧何不会戳穿他的谎言。这次负责收礼的人是萧何，萧何平日对刘邦非常关照。刘邦未做亭长之时，萧何就经常护着刘邦。刘邦做了亭长之后，出远门到秦朝都城咸阳押送服徭役的百姓。每当此时，县里的官员们就送点钱给刘邦，萧何往往比其他官员多拿将近一倍的钱赠送刘邦。

既然萧何负责这次酒宴的收礼，刘邦自然敢于大讲谎言。

至于萧何，当然知道刘邦一文钱没拿。但是，出于对刘邦的袒护，他绝对不会起底。

这样，刘邦堂而皇之地坐到了堂上。

吕公一听"泗水亭长刘季贺钱万"，大为惊讶，赶快起身相迎。因为"贺钱万"在当时是个非常了不得的数字。

从酒宴的规格看，出一千钱的都已经是贵客了，都要被请到堂上喝酒。拿一万钱，当然令人大吃一惊。

高祖为布衣时，何数以吏事护高祖。高祖为亭长，常左右之。高祖以吏繇咸阳，吏皆送奉钱三，何独以五。
——《史记·萧相国世家》

从来人的身份看，比亭长官高的人不少，但都没有"贺钱万"。

从实际收入上看，秦代一位县令的年俸也只是数千钱，至于亭长，一年的俸钱不足千。一个亭长一次酒宴敢于"贺钱万"，绝对是个惊人的数字。

吕公当然不相信刘邦能"贺钱万"，但是，吕公是一个有政治头脑的人，他看中的是刘邦敢于公开撒谎的胆量和潜在的政治家素质。

所以，吕公听到这么一个巨大的数字，大吃一惊。立即起身，迎到门口。

吕公大惊，起，迎之门。
——《史记·高祖本纪》

人们谈起刘邦，总认为这家伙是个无赖、流氓。这种看法不错。刘邦确有流氓、无赖的一面。像这种大型酒宴，他一文钱不拿，高喊一声"贺钱万"就堂而皇之地走进堂上，当然属于流氓行为。

但是，我们也要由此看到，刘邦说谎话说到大言不惭这种程度非常不易。现代社会有一种测谎仪，可以测出说谎者。测谎仪之所以能够测量出一个人是否说谎，是因为它可以精细地记录下来一个人说谎后由于心虚而带来的一系列生理变化。但是，现代科学的测谎仪恐怕无法测量出刘邦是否说谎，因为，刘邦说谎已经达到了一个很高的境界：脸不发红心不跳。

说谎对刘邦来说是家常便饭。但是，对于一个政治家而言，出于政治需要的谎言是必要的。因此，能够坦然说谎是政治家的一种素质。

我们讲《鸿门宴》时说刘邦能把收买民心的"封府库，籍吏民"说成是"以待将军"；把派兵把守函谷关说成是"备他盗之出入与非常也"。张口就是谎言，不假思索，不用演练，不用指导。

这是大本事！这种大本事是刘邦长期在社会下层混出来的，自小"练摊"练出来的。

吕公"大惊""起迎"，主要是因为刘邦竟敢如此当众撒谎。可见，刘邦这套作秀的本领让吕公深表佩服，他也因此看出刘邦非等闲之辈。

刘、项两家荥阳对峙的时候，项羽被刘邦激怒，暗中埋伏弓箭手齐射刘邦，最终射中刘邦的胸部。这一箭几乎要了刘邦的命，但是，刘邦随口就说：贼人射中了我的脚趾。这句话肯定是谎言，但是，这一谎言对于稳定军心，非常必要。

此后，刘邦忍着伤痛，到各个军营中视察，安定军心。勉强视察完军营后，刘邦的伤情已经恶化到最后不得不离开前线、赶回成皋去治疗。可见，这次箭伤是多么严重。即使如此，刘邦仍然以安定军心为上。

政治家作秀，完全是一种政治需求。

吕公此人还有一大特点，非常迷信相面。因此，他对口出大言刘邦的面相非常吃惊。

刘邦的面相有什么特点呢？

项羽大怒，伏弩射中汉王。汉王伤胸，乃扪足曰：『虏中吾指！』汉王病创卧，张良强请汉王起行劳军，以安士卒，毋令楚乘胜于汉。汉王出行军，病甚，因驰入成皋。——《史记·高祖本纪》

《史记·高祖本纪》记载：鼻梁很高，上额突起，胡须漂亮（高祖为人，隆准而龙颜，美须髯）。这种面相被时人认为是贵人之相。《史记》的这一记载是否有溢美之词，不得而知。但史书对帝王一向喜爱神化，其中包括对面相的神化。

由于这次酒宴设定了"上座"的钱数，出钱多的人照理应当坐上席。但是，就一般人而言，这种场面一文钱不出，实在不好意思坐上座，即使坐到上座，也会显得局促不安。一文钱没出的刘邦不但没有一点拘谨，反倒心安理得地坐在"上座"，挥洒自如，随便和客人开玩笑（狎侮诸客），好像自己坐东请客。

萧何看到吕公如此敬重刘邦，又是迎到门口，又是神情专注，生怕刘邦做出什么傻事得罪县令的贵客吕公，赶快向吕公解释：刘季这个人，爱说大话，但很少成事，你别净听他瞎喷。

刘季，是刘邦起兵反秦之前的名字。"季"，是排行。刘邦排行靠后，所以称季。

吕公这个人偏偏很信邪。

萧何的解释他根本没听进去，反而越看越喜欢刘季。于是，吕公就在酒宴上给刘邦使眼色，要他宴后不要走，留下来，有话要说。

刘邦见到吕公的眼色，心领神会。他虽然不知道有什么事，但还是一直留到客人走完。吕公对刘邦说：我

刘季固多大言，少成事。
——《史记·高祖本纪》

酒阑，吕公因目固留高祖。
——《史记·高祖本纪》

这辈子为许多人都相过面，但从来没有见到像你这样尊贵的面相。我有一个女儿，未嫁，想许给你为妻，希望你不要嫌弃。

刘邦此时还没有正式娶妻，一听说有这种好事，马上应承下来。刘邦是真没想到，骗了顿酒喝，还混了个老婆，实在大喜过望。

但是，吕公嫁女给刘邦，吕公的老婆不答应，她对吕公大吼大叫："你平时总说咱女儿是个富贵相，要许个富贵人家，沛县县令对你这么好，他来求婚你都不答应，为什么非要嫁给这个刘季？"

吕公之妻的恼怒告诉我们三点：第一，吕公一向非常看好自己的女儿吕雉，要她嫁个贵人；第二，吕公的挚友沛县县令曾向吕公求婚竟然遭拒；第三，吕公自己做主嫁了吕雉。

吕公回答："这不是你们女人所能理解的。"吕公的家是吕公一人说了算，尽管他的妻子反对，但是，他的妻子并不当家。这样，吕雉就成了刘邦的妻子。

首先值得关注的是"沛令善公，求之不与"。这两句话可以有三种解释：一是沛县县令为自己向吕公求婚，二是沛县县令为自己的儿子向吕公求婚，三是沛县县令为他人向吕公求婚。其中，沛县县令为自己求婚的可能性最大。大概沛县县令

高祖竟酒，后，吕公曰："臣少好相人，相人多矣，无如季相。愿季自爱，臣有息女，愿为季箕帚妾。"——《史记·高祖本纪》

吕媪怒吕公曰："公始常欲奇此女，与贵人。沛令善公，求之不与，何自妄许与刘季？"——《史记·高祖本纪》

此非儿女子所知也。——《史记·高祖本纪》

此时亦未婚，故有求婚之举。而且，沛县县令是吕公的恩公，是吕公避难时的首选之人，可见，吕公与沛县县令的交情很深。此事对吕雉的意义在于吕雉的条件应当不算差，否则，堂堂县令实在没有必要碰此钉子。

其次值得重视的是吕雉的态度。作为这场婚事当事人的吕雉，丝毫没有任何怨言地接受了父亲对自己终身大事的安排。至少，我们没有看到作为女儿的吕雉反对这场婚姻的任何记载。从其他相关文献中我们也没有看到日后吕雉对自己与刘邦的婚姻有何抱怨。可见，当年未出阁的吕后本是个乖巧听话的姑娘，是贾宝玉所说的"水做"的单纯温顺的女儿。

我们还可以从年龄上做个补证。刘邦出生于公元前256年，他的嫡长子刘盈出生于公元前211年，因此，刘盈出生之时刘邦已经四十六岁了。刘邦可是名副其实的晚婚楷模。

刘盈还有一位姐姐鲁元公主，也是吕雉所生。刘盈与鲁元公主的年龄差距一般应当不超过三岁。因此，鲁元公主出生时刘邦在四十三至四十五之间。假定鲁元公主是在吕雉婚后一年出生的，吕雉是正常出阁，所以，吕雉嫁给刘邦时应当不超过二十岁，刘邦此时的年龄应当在四十二岁至四十四岁之间。因此，刘邦与吕雉的年龄相差至少有二十二岁。一位不到二十岁的年轻姑娘嫁给一位比自己年长二十二岁之多的亭长，还毫无怨言，应当说此时的吕雉非常温顺、听话。

不到二十岁的吕雉嫁给了四十多岁的刘邦，是否有吕雉看中刘邦才能的因素呢？史书没有记载，这种可能性极小。毕竟吕雉没有与刘邦有任何接触，何以慧眼识人？如果排除吕雉看中刘邦的因素，吕雉其实是奉父命成婚。

通过"相面成亲"一事我们可以知道：年轻的吕雉是一位温顺、听话的乖乖女，这和我们印象中凶残、暴虐的女魔头形象差异非常大。

小妈的心事你别猜

吕雉出嫁之时还有一个令她非常难办的问题：刘邦已经有了一个非婚生的儿子刘肥。《史记·齐悼惠王世家》记载，刘邦在与吕雉正式成亲前曾有过外遇，而且生了刘肥。刘肥的生母是位曹姓"外妇"(其母外妇也，曰曹氏)。《汉书·高五王传》对《史记》作了一点点补充：刘肥的母亲是高祖刘邦未发迹之前的一位相好(其母，高祖微时外妇也)。

两部史书都称曹氏为"外妇"，所谓"外妇"，是指外遇之妇。"微时"，就是未发迹之时。可见，刘肥不是刘邦和吕雉的亲生之子，刘肥的生母姓曹。

《史记》《汉书》仅有这么两句简短的记载，至于这位曹姓女子的详细身份，我们已经无从得知了。但不管怎么说，刘邦在与吕雉结婚之前已经有了一位非婚生的儿子刘肥。

史书没有关于刘肥出生时间的记载。如上文所推，刘邦与吕雉大婚时的年龄是四十二岁至四十四岁之间，那么他多大有了刘肥呢？史书无载。我们有三条证据说明刘肥应当出生于刘邦三十岁之前。

第一，刘肥是刘邦八子中第一位受封诸侯王的儿子。

高祖五年(前202)刘邦称帝。第二年(高祖六年，前201)，刘邦认为秦帝国灭亡的主要原因之一是只有死敌，没有死党。所以，想大封同姓王为死党，以稳定天下。但此时自己的儿子或未出生，或年龄太小，加之刘邦兄弟也少。于是，将原楚王韩信的楚地一分为二，以淮东五十三县封堂兄刘贾为荆王，以薛郡、东海、彭城三十六县封弟弟刘交为楚王，以云中、雁门、代郡五十三县封二哥刘喜为代王。韩王信是楚汉战争时所封，但韩王信所处的位置是军事要地，北面紧邻巩县、洛阳，南面靠近南阳，东面接壤淮阳。这种军事要地让韩王信驻守实在令人不放心，所以，刘邦将太原郡附近三十一县划成新的韩国，迁韩王信至晋阳，对付匈奴去吧。这次分封最浓墨重彩的一笔是刘邦拿出胶东、胶西、临菑、济北、博阳、城阳等六郡之地七十三县建立了一个庞大的齐国，立庶长子刘肥为齐王，而且，通令全国，凡是会说齐国方言的黎民百姓一律要返回齐国。分封刘肥的封地是刘邦将齐王韩信改封为楚王后腾出来的齐地。

　　高祖六年分封诸侯王，荆王刘贾、楚王刘交、代王刘喜、齐王刘肥都是新封的刘姓同姓王，属于"暴发户"。韩王信是楚汉战争时期刘邦封的诸侯王，这次成了唯一的"拆迁户"。

帝以天下初定，子幼，昆弟少，惩秦孤立而亡；欲大封同姓以填抚天下。春，正月丙午，分楚王信地为二国：以淮东五十三县立从兄将军贾为荆王，以薛郡、东海、彭城三十六县立弟文信君交为楚王。以云中、雁门、代郡五十三县立兄宜信侯喜为代王。——《资治通鉴》卷十一

上以韩王信材武，所王北近巩、洛，南迫宛、叶，东有淮阳，皆天下劲兵处，乃以太原郡三十一县为韩国，徙韩王信王太原以北，备御胡，都晋阳。——《资治通鉴》卷十一

以胶东、胶西、临菑、济北、博阳、城阳郡七十三县立微时外妇之子肥为齐王，诸民能齐言者皆以与齐。——《资治通鉴》卷十一

刘邦这次分封，所有受封者得到的都是封地，但齐王刘肥却得了两件宝：一是封地，二是政策。此次所封四位刘姓诸侯王个个都有封地，但是，给了封地又给政策的只有刘肥一人。

秦末大起义和四年的楚汉战争使天下不少人因战乱离开故土，齐地百姓迁居他乡的人非常多。刘邦为了壮大齐王刘肥的力量，命令天下会讲齐地方言的人都迁回齐地居住。齐王刘肥的封地已经非常大了，下辖六郡七十三县，所缺的只有人口。有了"诸民能齐言者皆以与齐"这项政策，从齐地流亡他乡的齐人则必须返回齐地，这对刘肥来说非常有利。因为，人口的增加就意味着赋税、兵员的增加。

这是非常破例的一道皇命，我们没有在史书中看到类似的皇命，同时，也是一项独一无二的政策。

刘邦第一次分封的四位刘姓诸侯王中，只有齐王刘肥是自己的儿子，刘邦的其他儿子在高祖六年（前201）均未受封，即使是刘邦最宠爱的赵王刘如意在此次受封时亦不在其列。这是为什么呢？

我们来看看刘邦八个儿子的出生时间。

庶长子刘肥出生在刘邦微时，具体时间不详，下文有推测。

嫡长子刘盈出生在秦始皇三十六年（前211）。

皇三子赵王刘如意当出生在楚汉战争时期。因为其母戚夫人是在刘邦受封汉王后来到刘邦身边的。刘邦仅仅受封汉王数月即杀回关中，所以，刘如意的出生当在楚汉战争时期。

皇四子代王刘恒出生在楚汉战争荥阳对峙期间（高祖五年，前202），因为刘恒是其母薄姬在荥阳对峙时受刘邦一夜情所生。

皇五子梁王刘恢、皇六子淮阳王刘友出生时间都不详，但大致可断定为楚汉战争至刘邦称帝之后。

皇七子淮南王刘长是刘邦于高祖八年（前199）征讨韩王信，路经赵地，和赵姬一夜情致孕，生于高祖九年（前198）。

皇八子燕王刘建是高祖十二年（前195）所封。高祖十一年（前196）燕王卢绾逃亡匈奴后，封皇八子刘建为燕王。高祖八个儿子中燕王刘建受封排在最后，比出生于高祖九年的淮南王刘长还晚。因此，皇八子刘建的出生时间肯定晚于高祖九年出生的淮南王刘长。

因此，刘肥作为刘邦八个儿子中第一位受封为诸侯王的最重要原因是年长，刘邦认为刘肥应该具备足够的能力管理偌大的齐国。当然，刘邦还为这位长子配了一位极为能干的国相曹参。曹参是大臣们公认的第一功臣，而且是萧何下世后继任相国的唯一人选。选曹参为齐国相当然是为了确保刘肥治下的齐国万无一失。

第二，刘肥的三个儿子是诛除诸吕的首义者与重要参加者。

吕后下世后，在京城的刘肥之子刘章即写信给自己的哥哥齐王刘襄，提议他举兵讨伐诸吕。刘襄接信后，排除危险，首举义兵，揭开了族诛吕氏的第一页。刘襄的举兵，迫使吕产、吕禄不得不派出功臣派的灌婴率军出征，让灌婴获得了军权，灌婴拥兵自重，并与齐王刘襄联手灭吕，促使皇族派与功臣派成功联手。刘肥的另一位儿子刘章不但主动指使其兄齐王刘襄举兵，而且在京城率军杀死了吕氏外戚派的掌门人身兼相国与南军统帅的吕产，解决了功臣派发动政变的最大障碍。太尉周勃听说刘章杀了相国吕产，马上向刘章鞠躬祝贺（拜贺），说我最担心的是吕产，杀了吕产，天下就定了，立即安排人手抓捕吕氏宗族，不论男妇老幼，一律处决。可见，杀掉相国吕产是族诛诸吕的关键，立此殊功的是刘肥的儿子刘章。

在这次灭除诸吕的行动中，刘邦八子已死了六位，仅存的两位皇子，代王刘恒、淮南王刘长压根儿不知情。刘恒不知情一是因为代地距离京城遥远，二是功臣派最初都不看好他。淮南王刘长不知情是因为他是吕后养大的，不可能对吕氏无感情，族诛诸吕的大事绝对不可能让他知道。

既然两位皇子都不能用，那么刘氏皇族派中就只能依赖皇孙了。但是，皇孙中只有刘襄、刘章、刘兴居三人参与，而且发挥了关键性作用；再加上功臣派周勃、陈平和灌婴，这就是整个政变中最为重要的六个人。值得注意的是，刘襄、刘章、刘兴居三人均为刘肥之子。刘襄之所以能够首倡起事，刘章等皇孙之所以能够发挥巨大作用，最根本的一条是因为他们都是皇孙中的成年人。当然也因为这几个皇孙也特别有才华、有胆识。

据上述两条可知：刘肥出生较早。但是，刘肥出生早，早到何时呢？我们可以做一点推测。

齐哀王刘襄三年 (前187)，刘章被征召进京担任宫中宿卫。吕后封刘章为朱虚侯，并做主让刘章娶了吕禄的女儿。四年后，吕后又封了刘章的弟弟刘兴居为东牟

朱虚侯曰：『所患独吕产；今已诛，天下定矣！』遂遣人分部悉捕诸吕男女，无少长皆斩之。——《资治通鉴》卷十三

朱虚侯首先斩吕产，于是太尉勃等乃得尽诛诸吕。——《史记·齐悼惠王世家》

侯，也担任宫中宿卫。刘章进宫时年龄多大？无记载。《史记·齐悼惠王世家》有一条重要记载："三赵王皆废，高后立诸吕为三王，擅权用事。朱虚侯年二十，有气力，忿刘氏不得职。"据此可知，刘章入宫之时应该不到二十岁，三任赵王被杀，三位吕姓封王的时间是高后八年，此时刘章二十岁（详见书末附录）。

如果高后八年（前180）刘章二十岁，刘襄是刘章之兄，他的年龄应是二十多岁。由此可推测出他们的父亲齐王刘肥如果活到此时，应当是四十多岁。所以，刘肥的出生时间，应当是公元前220年之前。如果按此前我们估计刘邦与吕雉结婚时四十二岁，刘邦与吕雉结婚的时间应为秦始皇三十二年（前215），此时刘肥应为六岁左右。刘邦大封同姓王是高祖六年（前201），此时刘肥当为二十一岁，这个年龄封齐王是可以的。

探讨此时刘肥与吕雉的关系，还有两个重点。

第一，刘肥跟着谁长大的？这一点，史书没有记载。

《史记·高祖本纪》记载了一位老人为吕后及吕后一子一女相面的故事。这个故事对研究吕雉最有价值的地方是，吕后带着自己的亲生儿子刘盈、女儿鲁元公主在田间干活儿，独独不见刘肥随同干活儿。年轻的吕雉带着一子一女下地干农活儿，如果刘肥跟着父亲刘邦与继母吕雉一起生活，他也应当下地，因为他年龄较大，至少到刘盈与鲁元公主可以跟着吕雉下地时，刘肥已在十岁以上

哀王三年，其弟章入宿卫于汉。吕太后封为朱虚侯，以吕禄女妻之。后四年，封章弟兴居为东牟侯，皆宿卫长安中。——《史记·齐悼惠王世家》

了。可是，偏偏在下地的人中看不到庶长子刘肥。老人先为吕雉相面，又为吕雉的亲生儿子、女儿相面，又给随之而来的刘邦相面。如果刘肥与刘邦、吕雉生活在一起，刘邦、吕雉没有一个人想起来为长子刘肥相个面，那就应了"有后妈就一定会有后爹"的老话了。可能性较大的是，刘肥不在刘邦的家中生活。

如果刘肥没有与吕雉生活在一起，接着就产生了另一个问题。

第二，刘肥为什么没有和生身父亲刘邦生活在一起呢？

最简单的理由是：刘邦未成家，单身一人，天天喜欢与一帮朋友混在一起，喝酒嬉玩，哪有精力照顾儿子？寄养在亲生母亲身边应当是最合适的选择。

年轻的吕雉新婚之际就要面对一个已六岁左右的非亲生儿子刘肥，确有很不舒服的感觉。

首先，吕雉很无奈。

吕雉与刘邦的婚姻是她的父亲吕公指定的，吕雉没有选择的权利，即使刘邦有一个非婚生的儿子，吕雉也只能被动地接受。

其次，吕雉挺善良。

刘邦发迹之前，吕雉对刘肥没有任何苛责之举，这对一位嫁给长自己二十多岁的丈夫的姑娘来说，实属不易。

我们可以设想一下，一位不满二十岁的新婚少妇，要面对一个非亲生的儿子，相互地接受非常困难。特别是男孩子，接受一位非亲生的母亲，一般要有一个适应的过程。

按照正常情况，吕雉结婚第二年就有了自己的亲生女儿，接着又有了亲生儿子。一位母亲，有了自己的亲生儿女后，与非亲生儿子的相处就更为困难。

面对两个亲生的子女和另一个非亲生的儿子，吕雉能否一碗水端平呢？

偏爱亲生子女是人的天性，年轻的吕雉在处理亲生子女和非亲生的刘肥这一问题上可能会遇到不少困难。史书没有这方面的任何记载。但是，这个问题却是非常现实的。

当然，刘肥可能没有和刘邦生活在一起，而是寄养在曹姓女子家中。但是，刘肥寄养在曹姓女子家中到何时结束呢？至少，刘邦举兵反秦、灭项之时，刘肥应当回到了刘邦身边。刘邦于高祖元年（前206）功封汉王，如果此前刘肥一直不在刘邦家中，刘邦称王之时，刘肥应在刘家。

刘邦称帝之后，吕后与刘肥的关系与初婚时期吕雉与刘肥的关系有了较大变化。

第一，曹姓"外妇"早已不构成对吕后的威胁。

没有任何史料说明刘邦和曹姓"外妇"后来还有联系。刘邦是四十二岁左右与吕后成婚，四十六岁刘邦有了嫡长子刘盈，四十八岁起兵反秦。从此，刘邦与吕后分居长达七年。

项羽封刘邦为汉王后，刘邦认识了一位能歌善舞的戚夫人。因此，此时威胁吕后地位的早已不是这位比吕后年长得多的曹姓"外妇"，而是年轻貌美的戚夫人了。

第二，吕后的皇后之位为刘邦所封。

吕后的皇后之位是刘邦所封。因此，精明的吕后当然不能因为一个早已不成为威胁的曹姓"外妇"之子刘肥而与刘邦结怨。

但是，这并不能说吕后对刘邦看重刘肥毫无反应。刘邦第一次大封同姓诸侯王时刘肥的封地最多，吕后对此有看法，只是当时未表达。吕后执政期间，刘肥齐地的城阳郡被迫献给了吕后的女儿鲁元公主为汤沐邑，刘肥失去了齐国的第一个郡。高后二年（前186），立吕台为吕王，夺走刘肥的济南郡，刘肥失去了齐国的第二个郡。高后八年（前180），立营陵侯刘泽为琅邪王，夺走了齐王刘肥的琅邪郡，刘肥失去了齐国的第三个郡。三个郡相继被吕后用各种方法夺去，正是吕后对当年刘邦分封刘肥齐王不满的具体表现。只是刘邦在世、刘肥初封时吕后没有表现出来罢了。看来，这个小妈的心思还真不好猜。

即使如此，吕后在刘邦在世、自己未掌握国家大权之前，确有善良温顺的一面。至于掌权之后，特别是独揽大权的最后八年中，她的善良温顺已经被现实的冷酷磨得消失殆尽了。

下过地种过田坐过牢

据《史记·高祖本纪》记载：吕雉有了女儿、儿子之后，还要在田中干活儿。一天，一位老者经过吕雉干活儿的田地，向吕雉要水喝。吕雉赶

二年，高后立其兄子郦侯吕台为吕王，割齐之济南郡为吕王奉邑。——《史记·齐悼惠王世家》

哀王八年，高后割齐琅邪郡，立营陵侯刘泽为琅邪王。——《史记·齐悼惠王世家》

齐王惧不得脱，乃用其内史勋计，献城阳郡，以为鲁元公主汤沐邑。——《史记·齐悼惠王世家》

快给老人拿来了水和食物。

这位老人吃过、喝过以后，看了吕雉的面相，说："夫人是天下贵人之相。"

吕雉一听，赶快让两个孩子过来。老人看了看惠帝，说："夫人之所以有富贵相，正是因为这个儿子。"

老人又看了吕雉女儿的面相，也说是贵人之相。

这位神奇老者的相面之言经吕雉一说，随后来到的刘邦欣喜若狂，他急吼吼地追问吕雉，当他得知那位老者尚未走远，便急急忙忙追赶老者。追上后，迫不及待地问起来。老人家说，刚才我看夫人、孩子的面相都似您。您的面相贵不可言。刘邦听后，再三致谢说："如果真如老人家所说的，我们实在不敢忘记您的大恩大德。"但是，等到刘邦真的当上皇帝，再去寻找当年相面的那位老人，却怎么也找不到了。

吕雉相面一事，应当是《史记》神化刘邦之词。可以有两种解释：一是老者受吕雉送水供食之惠，信口吉言；二是刘邦称帝之后，自己或者史官神化刘邦之词。但是，这段史料对于了解吕雉的价值在于：吕雉嫁给泗水亭长刘邦之后还要下地耕田。

吕雉婚后亲自下田种地，显示了吕雉勤劳持家的一面。

刘邦做了泗水亭长之后，要负责往骊山（即郦山）押送服劳役的人。但是，秦朝的徭役繁重、艰苦，百姓常常因服徭役而命丧他乡。因此，许多被迫征调服劳役的人不惜用逃亡来逃避徭役。

一次押送一批百姓到骊山服劳役，一路上不断有人逃亡。刘邦心想，这样跑下去，走到骊山人也跑得差不多了。自己是押送服劳役的人，服劳役的都跑光了，自己也脱不了干系，肯定会受到秦法的严惩。但是，自己又没有办法阻止役夫的逃亡。

无奈之下，刘邦干脆在丰县西边的大泽中将剩余还没有逃的人全放了，并且说："你们都走吧，我也得逃了。"刘邦这番行为，反倒感动了这批服徭役中的十几个百姓，他们纷纷表示愿意追随刘邦一起逃亡。刘邦一咬牙，就带着这伙人跑到芒砀山 (在今河南永城市) 落草为寇了。当时人数不多，但是这是刘邦后来夺取天下的第一支人马。

此举显示了刘邦的造反精神。

刘邦身为亭长，押送骊山劳工，竟然放走劳工、自己逃亡，当然为秦法难容。常言道：跑了和尚跑不了庙。刘邦可以一走了之，吕雉却为此下了狱。

监狱里的生活历来不好过，吕雉进的秦代沛县的监狱也好不到哪儿去。古今中外，监狱里的一大问题是狱卒对犯人的虐待。狱卒对像吕雉这样坐牢的肯定不会礼遇，吕雉在狱中为刘邦究竟受了什么虐待史书没有记载。但是，沛县监狱中有一个叫任敖的狱卒，平日和泗水亭长刘邦的关系挺铁。任敖看见狱卒虐待吕雉，一怒之下打伤了那个虐待吕雉的狱卒。这一下子，沛县监狱的狱卒再也没有人敢欺侮吕雉了。

任敖打伤虐待吕雉之人说明吕雉在沛县监狱之中曾遭受过虐待。

此后，任敖成了吕雉的大恩人。吕后掌权时，任敖被任命为御史大夫，御史大夫是副丞相。任敖的本事不大，只做了三年御史大夫就被免职了。但是，这对任敖来说，已经非常难得了。如果不是当年对狱中的吕雉出手相援，任敖不可能做到御史大夫的官位上。可见，吕雉还是一位知恩图报之人。

刘邦犯事，吕雉坐牢，这是吕雉为刘邦做出的重大付出，也是吕雉的政治资本。当然，作为政治投资，不必追求一时一事的回报，只要投资得当，早晚会有回报的。

从史书记载来看，吕雉并没有把这件事挂到嘴上，整天高叫着自己为刘邦吃过什么苦受过什么罪，这显示了吕雉深沉的一面。但是，吕雉早年的这些付出为她后来最终掌握政权奠定了雄厚的政治基础。

吕雉为刘邦及刘氏家族做出了重大付出，那么，秦朝的灭亡会不会改变吕雉的境况而使她不用继续付出呢？刘邦与吕雉的长期分居将会给吕雉带来什么影响呢？

请看：一桩疑案。

任敖者，故沛狱吏。高祖尝辟吏，吏系吕后，遇之不谨。任敖素善高祖，怒，击伤主吕后吏。——《史记·张丞相列传》

高后时为御史大夫，三岁免。——《史记·张丞相列传》

一桩疑案

二

吕后一生中，有一件屡屡为后人说道的绯闻，即吕后和审食其的私昵关系。这件事《史记》记载得扑朔迷离，含糊不清，后代流传极广。唐代著名诗人高适的《辟阳城》一诗甚至说，审食其与吕后不干不净，刘邦竟然还封审食其当辟阳侯，作为一代英主，刘邦竟然被吕后和审食其所欺（荒城在高岸，凌眺俯清淇。传道汉天子，而封审食其。奸淫且不戮，茅土孰云宜。何得英雄主，返令儿女欺。母仪良已失，臣节岂如斯。太息一朝事，乃令人所嗤。）。那么，吕后和审食其的这桩绯闻的真相究竟是什么样的呢？

我吕雉回来了

刘邦参加了三年反秦战斗，组建并壮大了自己的集团，虽然委屈，但还是当上了十八诸侯王中的汉王。汉二年 (前205) 四月，汉王刘邦在还定三秦之后，率领五路诸侯的五十六万联军打到了西楚都城彭城。

此时的项羽正在齐地忙于平叛，刘邦趁虚而入打进了西楚国都彭城。

刘邦此行的目的有两个：一是消灭项羽集团，二是要接走他的父亲、妻子、儿子、女儿。但是，刘邦到了彭城后，并没有急着接亲人，反而在彭城忙于接收项羽从秦朝都城带走的美女、财宝。

四月，汉皆已入彭城，收其货宝美人。——《史记·项羽本纪》

项羽的主要谋士范增曾经给刘邦下过一个定论：沛公在函谷关外时，贪财好色。刘邦打到彭城之后的表现恰恰验证了范增的评价。刘邦之所以未急于接回家人源于他的自信，他自信项羽遭此打击已经一蹶不振，因此没有必要急吼吼地接家属。

沛公居山东时，贪于财货，好美姬。——《史记·项羽本纪》

等到项羽率三万精兵杀回彭城，刘邦五十六万大军崩盘之时，他才急忙派人去接家属，但是，此时项羽也派人去找刘邦的家属算账。刘邦的家属担心自己的生命安全，早在项羽来人之前已经躲了起来。结果，刘邦派来接家属的人没有找到刘邦的父亲和妻子，项羽派来找刘邦家属的人也没有找到刘邦的父亲和妻子。

禍不单行。刘邦的父亲太公、妻子吕雉与刘邦亲生的儿子、女儿还在忙乱中相互走失了。刘邦的父亲、妻子从小路去找刘邦，结果正好遇上项羽的军队，成了项羽的俘虏，成为项羽手中的人质。吕雉的亲生儿子、女儿幸运地遇到了逃亡中的刘邦，尽管刘邦表现不佳，三番五次踹他的儿子、女儿下车，但最终吕雉的儿子、女儿还是随同其父刘邦逃了出来。

吕雉与刘邦其父太公从此在项羽的军营中做了二十八个月的人质。

刘邦起兵反秦之时，生死未卜，不带妻子，是完全可以理解的。但是，从刘邦起兵到攻下彭城，这中间已经过了三年的反秦斗争和项羽分封后的一年半。按常理说，四年半未见妻子，如果两人的感情亲密，刘邦恐怕早就忙着接妻子了。但是，这位未来的汉高祖来到彭城，忙于接收当年他进入秦都咸阳时就垂涎三尺的秦宫中的财宝和美女（当时打不过项羽，眼睁睁看着项羽照单全收了），为他生过儿、干过活儿、坐过牢的吕雉早就被刘邦扔到一边去了。应当说，刘邦打到彭城而没有及时接他的父亲、妻子，是刘邦的过失。

吕雉这次做人质是完全可以避免的。

从主观上讲，彭城与沛县相距只有二百里。如果刘

欲过沛，收家室而西；楚亦使人追之沛，取汉王家；家皆亡，不与汉王相见。——《史记·项羽本纪》

汉王道逢得孝惠、鲁元，乃载行。楚骑追汉王，汉王急，推堕孝惠、鲁元车下。滕公常下收载之，如是者三。曰：『虽急不可以驱，奈何弃之？』于是遂得脱。——《史记·项羽本纪》

邦把接回分居四年半的妻子一事当作一件事来办，应
当说这并不难办。

从客观上讲，刘邦这一次是与项羽第一次正面交
锋，他并不知道自己在军事上绝对不是项羽的对手，也
没有料到自己会在彭城败得一塌糊涂，败得连老爸、老
婆、孩子都顾不上接。

还有一个重要原因是刘邦在汉元年封为汉王到达
汉中后，遇到了能歌善舞的戚夫人。两人恩恩爱爱，感
情非常之好。此时，刘邦已是五十多岁了，戚夫人正当
青春妙龄。

总而言之，由于刘邦自己安排不当，导致盼了四年
多夫妻团圆的吕雉不但没有和老公团圆，反而成为项
羽手中的人质。项羽虽然不会像沛县狱卒一样虐待吕
雉，但是，对吕雉来说，内心的痛苦是显而易见的。可
是，史书中没有任何记载显示吕雉对刘邦的怨恨。可
见，吕雉对刘邦还是比较宽容的。

而且，吕雉在为人质的两年多时间内，还遇到了一
场灾难。汉四年（前203），刘邦、项羽荥阳对峙之时，凶残
的项羽突发奇想：烹太公。项羽的目的是想借此机会要
挟刘邦，逼迫刘邦投降。结果刘邦不吃这一套，竟然嬉
皮笑脸地对项羽说："我和你同时受怀王的命令伐秦，
又是结拜兄弟；所以，我爹就是你爹，你要烹你爹，我
也跟着一块儿喝汤。"项羽大怒，要烹太公，幸亏项伯

汉王曰："吾与项羽俱北面受命怀王，曰：'约为兄弟'，吾翁即若翁，必欲烹尔翁，则幸分我一杯羹。"——《史记·项羽本纪》

从中斡旋，项羽才未杀太公。这件事虽然史书记载的是杀太公，如果真的烹了太公，吕后能躲得过去吗？绝对不可能躲过去！项羽一旦感到人质不能起到威慑刘邦的作用时，他岂能白白养着刘邦的老婆？

这场危机由于项伯相救，说了一番争天下者不顾家，杀了太公也不会有任何作用，只能使两家的仇结得更深之类的话，项羽才平息了怒气。太公躲过一劫，吕后也因此躲过一劫。

项伯曰：『天下事未可知。且为天下者不顾家，虽杀之无益，只益祸耳。』项王从之。——《史记·项羽本纪》

这件事，史书没有记载吕后的任何反应。但是，吕后是当事人，事关她的性命，她岂能无动于衷？只是身为人质的吕雉此时不可能有任何作为，史书当然也不会有这方面的记载。

刘邦虽然在做汉王之时已经宠幸了戚夫人，但是，刘邦不解决吕雉的问题可以，但他不能不想办法解决其父做人质的问题。因此，刘邦与项羽在荥阳对峙了两年多之后，项羽由于军粮短缺，不得不同意刘邦汉五年 (前202) 十月提出的鸿沟议和。刘邦利用鸿沟议和的骗局，先派陆贾，再派侯公，诱骗项羽，达成中分鸿沟的协议。协议规定，鸿沟以东属楚，鸿沟以西归汉，项羽这才放回了做了两年零四个月人质的刘太公和吕雉。刘邦在得到被扣两年多的老爸和老婆后，立即撕毁协议，追杀项羽。

项王兵罢食绝。汉遣陆贾说项王，请太公，项王弗听。汉王复使侯公往说项王，项王乃与汉约，中分天下，割鸿沟以西者为汉，鸿沟而东者为楚。项王许之，即归汉王父母妻子。——《史记·项羽本纪》

不管刘邦如何欺骗项羽，鸿沟议和终于使吕雉回到了汉营。吕媄对楚汉战争的贡献是她为刘邦做了两年零四个月的人质。

这是吕媄为刘邦做出的重大牺牲，也是吕后在刘邦死后执掌朝政的政治资本。

"留守太太"的无奈

历经磨难，回到老公身边的吕媄却发现刘邦身边早已有了备受宠幸的戚夫人，比起戚夫人，吕后早已失去了一个女人的最大资本：年轻貌美。因此，回归汉营的吕后虽然历经磨难，但常常留守关中，很少有机会见到刘邦，两人的关系自然也疏远了。

吕后年长，常留守，希见上，益疏。——《史记·吕太后本纪》

年轻貌美的戚夫人时时伴随刘邦。此前，吕后已经和刘邦分居了七年，吕后作为人质被放回后仍然与刘邦分居，因此，吕后必须直面她的情敌戚夫人。

此时的吕媄有多大？我们可以粗略地估算一下。

吕媄不足二十岁时嫁给刘邦，三年之后生汉惠帝，第四年刘邦起兵反秦离家出走，经过三年反秦，四年楚汉相争，到鸿沟议和之时，吕后才与刘邦重逢，距初婚已经十年。因此，此时的吕后应当是不足三十岁。

十年夫妻，吕媄和刘邦真正共同生活可能不到三年，刘邦就在芒砀山落草，接着是反秦三年，灭项四年。等到吕媄再回到刘邦身边，刘邦不但有了新宠，而且有了刘邦和戚夫人所生的爱子刘如意。

不到三十岁的吕后此时只能默默地当一个"留守太太"。历史上权倾一时的一代女主，在个人感情生活上并不如意。其实，人生往往需要面对一个寂寞期。能承受也罢，不能承受也罢，它注定是人生必须面对的一段现实。这个时期最好的选择是"忍"。

当人们抬头仰望着威权天下的一代"女皇"时，谁能知道这位"女皇"有多少幸福感？

史书没有记载此时吕后的心情，但是，吕雉为刘邦、刘邦一家付出了那么多，最终落了个"留守太太"的结局。她的内心还能那么平静吗？她还能继续保持温顺、善良的一面吗？她的性格会向什么方向变化呢？

而且，七年独守空房的吕雉的感情生活真的是一片空白吗？

波谲云诡一疑案

不足二十岁的吕雉嫁给了一个四十二岁左右的泗水亭长，一年后得女，三年后得子，此后，刘邦离家，起兵反秦。而且，这一走，就是七年。年轻的吕雉长期处于独守空房的痛苦之中。

那么，吕雉这段独守空房的生活是否有人闯入过呢？

《史记》有一段记载：吕后非常宠幸辟阳侯审食其，有人在惠帝面前诋毁审食其。惠帝听说后，十分震怒，立即把审食其抓到狱中，想杀掉审食其。吕后知道审食其被儿子惠帝所抓，想出手相救，但是，心中羞惭，不能出面营救审食其。大臣们平日里早就怨恨审食其的飞扬跋扈，都想杀了他一解心中之怨。

这段记载中的辟阳侯就是审食其。

所谓"幸吕太后"，是指审食其深得吕后的宠幸。史称"吕太后"是因为吕后的儿子刘盈已经即位为帝。

关于审食其得到吕后宠幸一事，其他史书亦有记载：

刘邦离家参加灭秦战争的时候，专门让他的二哥刘仲和审食其在家中照顾他的父亲。

可见，审食其原是刘邦的属下，但是，在刘邦起兵反秦之后，审食其和刘邦的二哥刘仲一直留在刘邦父亲身边，侍奉太公。吕雉和太公生活在一起，自然与审食其有交往。太公、吕后被项羽扣为人质之时，审食其以侍从（舍人）的身份陪伴着吕后度过了两年零四个月的人质生活。因此，审食其与吕后为患难之交。

审食其深得吕后的宠幸。我们可以看《史记》记载的一个故事。

吕后掌权后，由于右丞相王陵坚决反对吕后立吕氏宗族为诸侯王，吕后想废掉碍手碍脚的右丞相王陵，于是升王陵为小皇帝的太傅，夺了王陵的相权。王陵明白吕后对自己是明升暗降，不让他掌握实权，于是告病假回家休息。吕后将同意封诸吕为

辟阳侯幸吕太后，人或毁辟阳侯于孝惠帝。孝惠帝大怒，下吏，欲诛之。吕太后惭，不可以言。大臣多害辟阳侯行，欲遂诛之。

——《史记·郦生陆贾列传》

高祖使仲与审食其留侍太上皇。

——《汉书·楚元王传》

王的原左丞相陈平升为右丞相，计辟阳侯审食其当了左丞相。审食其虽然当了左丞相，却不处理朝政，只负责太后宫中之事，类似郎中令。但是，审食其由于得到太后的宠幸，实际上主理朝政，公卿大臣们都通过他来办事。

惠帝死后，吕后立了惠帝和宫女生的儿子当皇帝，由她自己临朝处理国家大政（称制）。此时的吕后因为独子病故，内心非常忧虑，开始谋划分封自己的兄弟为王，以巩固自己的统治基础。

汉代尚右，右丞相陈平本应在左丞相审食其之上。审食其深得吕后信任，说的事常常得到吕后的批准。因此，审食其实际上比右丞相陈平还有权。所谓"毁"，是指此时有人将审食其的劣迹报告了当朝皇帝惠帝。惠帝听到后勃然大怒，立即下令将审食其抓进监狱，并打算处死审食其。

《史记·郦生陆贾传》的记载引发了吕后与审食其是否有私昵关系的一桩疑案。通行有两种看法：

第一种看法是：这段记载表明了审食其与吕后的确有私情，甚至有人将审食其列为中国古代十大男宠之一。

理由有两点：

第一，惠帝既然知道审食其是他母后的宠臣，为什么一定要置审食其于死地？

太后欲废王陵，乃拜为帝太傅，夺之相权。王陵遂病免归。乃以左丞相平为右丞相，以辟阳侯审食其为左丞相。左丞相不治事，令监宫中，如郎中令。食其故得幸太后，常用事，公卿皆因而决事。——《史记·吕太后本纪》

第二，吕后为什么"惭"？为什么不敢出面相救？

惠帝处死审食其是因为审食其与其母的确有私情，惠帝又无法处理他的母后，只得把全部怨气发泄到审食其头上。作为当事人之一的吕后虽然不会受到儿子的处罚，但是，这桩私情由身为皇帝的儿子处理仍然使吕后大为难堪。"吕太后惭，不可以言"八个字非常准确地传达出此时吕后内心的尴尬。

第二种看法是：吕后仅仅是宠幸审食其，二人并没有私昵关系。

理由是：

第一，谁也不可能以太后与审食其的私昵关系状告审食其。因为以此为理由告审食其不仅取证极为困难，而且，一旦坐实，皇家脸面何在？

第二，审食其被告是另有取死之罪。由于罪大，无法赦免；吕太后也觉得无法出面讲情，因此，"吕太后惭，不可以言"。但是，这种"惭"不是因二人有私昵而惭，而是觉得审食其为其患难之交，遭此重刑又不能相救而深感自惭。

第三，"大臣多害辟阳侯行，欲遂诛之"。说明大臣们早就痛恨审食其，必欲置之死地而后快。这两句话恰恰从反面说明审食其与吕后并无私昵关系。如果审食其私昵太后，罪不至诛。纵有其事，臣下亦当为尊者讳，决不至公然申行诛戮。

破解这桩疑案的关键是两点：

一是惠帝因何震怒，必置审食其于死地？

二是吕太后为何"惭，不可以言"？

审食其在反秦斗争中长期侍从太公，与吕后有较长时间的接触。

楚汉战争中审食其与吕后又有过患难之交，因此，深得吕后信任。观前文所讲吕后罢免王陵而升审食其为左丞相可知吕后是多么宠幸审食其。

深得太后宠幸的审食其如果不能夹着尾巴做人，很难避免恃宠而骄，弄权犯法，获取死之道。这应当是惠帝震怒，必置他于死地的主因。

虽然我们今天已经无法知道究竟是谁告了审食其，告了他什么罪，但是，罪名肯定不小，因此导致惠帝震怒。

太后之所以"惭，不可以言"，是因为审食其罪情严重，太后欲救不能。如果强行干预，恐有损太后名望。

审食其平日飞扬跋扈，得罪了不少当朝大臣。因此，当审食其被惠帝下狱治罪之时，大臣们都希望审食其得到应有的惩罚，没有一个人愿意为他出面求情。

惠帝朝的特点是惠帝与吕后都有很大的权力。惠帝是皇帝，处罚大臣是其职责所在。太后不能直接干预朝政，只能通过其子间接行事，而此事偏偏是其子震怒之下亲自处理的钦案。吕后独掌朝政是在惠帝下世之后。因此，人们的不满不会告到太后那儿不等于没人告到惠帝那儿。

一桩疑案中的两位当事人，一位被抓，一位无法出面相救，审食其命悬一线。

但是，历史往往会出现偶然。审食其被捕之前曾经发生过的一件事救了处境危险的审食其一命。这是一件什么事呢？它为什么能够救审食其的命呢？

当时京城有一位叫朱建的人，此人在黥布叛乱之前曾经力阻黥布发动叛乱，可是黥布没有听朱建的话。黥布叛乱被平定后，朱建因为曾经力阻黥布叛乱，所以没有受到株连。朱建极为善辩，而且为人刚正不阿，非常受人尊崇。可以说，只要是朱建的朋友，人们就会对其刮目相看（平原君为人辩有口，刻廉刚直，家于长安。行不苟合，义不取容）。虽然只是一介布衣，但是，朱建的人格魅力使其在京城中极有声望。因此，身为辟阳侯的审食其多次想结交朱建。

审食其虽然得到吕后的宠幸，地位显赫，但是，也希望结交像朱建这样的名士，借以提升自己的名望。朱建却认为辟阳侯不走正道，靠太后宠幸上位，所以鄙视审食其的人品，始终不愿见他。

权倾一时的审食其想结交朱建而遭到拒绝一事，被刘邦手下一位重要大臣陆贾知道了。

陆贾是一介儒生，但是，陆贾曾为刘邦出使南越，陈说利害，使南越王赵佗归顺汉朝，立下殊功。因此，陆贾虽然一介儒生，却深得刘邦的信任。

陆贾是朱建的密友，两人平时交往颇为频繁。朱建的母亲去世之时，因为朱建家中贫寒，连办理丧事的钱都没有，只好向亲友借贷办理丧服器物。

陆贾于是拜见审食其，一见面就向他道喜。审食其被陆贾的祝贺搞得莫名其妙，问陆贾："我有什

平原君朱建者，楚人也。故尝为淮南王黥布相，有罪去。后复事黥布。布欲反时，问平原君，平原君非之，布不听而听梁父侯，遂反。汉已诛布，闻平原君谏不与谋，得不诛。——《史记·郦生陆贾列传》

辟阳侯行不正，得幸吕太后。时辟阳侯欲知平原君，平原君不肯见。——《史记·郦生陆贾列传》

及平原君母死，陆生素与平原君善，过之。平原君家贫，未有以发丧，万假贷服具。陆生令平原君发丧，陆生往见辟阳侯，贺曰：『平原君母死。』辟阳侯曰：『平原君母死，何乃贺我乎？』陆贾曰：『前日君侯欲知平原君，平原君义不知君，以其母故。今其母死，君诚厚送丧，则彼为君死矣。』——《史记·郦生陆贾列传》

么喜事？"陆贾说·"朱建的母亲去世了。"审食其依然不懂："朱建的母亲去世和我有什么关系？为什么向我道喜？"陆贾说："朱建以前不见您是因为他母亲在世。"当然，陆贾作为一个辩士，他这番话是在为朱建不见审食其另觅理由。陆贾接着说："如今朱建的母亲去世了，假如你置办一套重礼，前去吊唁，那么，朱建就可以为你效力了。"

审食其一听，这确实是个好机会，于是，审食其准备了一百金作为丧葬费，前往吊唁。由于审食其深得吕太后的宠幸，审食其前往吊唁并以重金相赠之事很快传遍京城。住在京城的列侯、贵人纷纷前往吊唁，并慷慨解囊。朱建因此得到了五百金的丧葬费。因为这件事，朱建和审食其的关系迅速得到改善。

辟阳侯乃奉百金往税，列侯贵人以辟阳侯故，往税凡五百金。——《史记·郦生陆贾列传》

不过，朱建一向标榜自己"行不苟合，义不取容"。但是，他一向鄙视的审食其一送礼，他马上就改变了自己的行事标准。看来，一个人要始终如一地坚持自己的操守并不是一件容易的事。朱建一生刚直不阿，因为母亲丧事无钱操办而接受自己平日看不起的审食其的馈赠，并因此与审食其相交，为审食其设谋，令人十分感慨。这世界上还有操守吗？一个人的操守也可以出卖吗？

可见，面临义利之辨，确实难于抉择。朱建如果选择"义"，他断然不能出手救审食其。如果朱建选择"利"，那么，对审食其援之以手自是顺理成章。

审食其命悬一线，审食其的家人紧急求朱建与审食其见一面。朱建自从母丧接受审食其的重礼，便与审食其有了来往。接到审食其家人的紧急求援，朱建却拒绝和审食其见面。审食其并不知道朱建为什么不见他，因此，非常恼怒，以为朱建是忘恩负义之人。

其实，朱建这样做并不是因为他不愿援手相救，而是觉得这样做救不了审食其。朱建知道：这件案子的关键人物是惠帝。解铃还须系铃人。于是，他立即拜见惠帝刘盈的一位男宠闳籍孺。朱建对闳籍孺说："天下人都知道你深受惠帝的宠幸。如今太后宠幸的审食其坐了大牢，大家都说是因为你在皇上身边说了辟阳侯的坏话而使他入了狱。如果今天杀了辟阳侯审食其，明天早上太后就会一怒之下杀了你，你还不赶快为审食其向皇上求个情。皇上一向非常信任你，皇上听到你为审食其求情，一定会赦免了审食其。审食其一出狱，太后一定非常高兴，也因此会非常喜欢你。皇上、太后都喜欢你，你想想，你的富贵肯定会再翻番啊。"

闳籍孺一听朱建说天下人都认为是自己说了审食其的坏话而让太后宠臣审食其入了大狱，坐了大牢，非常害怕，赶快求见皇上，为审食其大大开脱了一番。

惠帝平日一向非常宠幸闳籍孺，一听闳籍孺求情，

辟阳侯急，因使人欲见平原君。平原君辞曰：『狱急，不敢见君。』——《史记·郦生陆贾列传》

乃求见孝惠幸臣闳籍孺，说之曰：『君所以得幸帝，天下莫不闻。今辟阳侯幸太后而下吏，道路皆言君谗，欲杀之。今日辟阳侯诛，旦日太后含怒，亦诛君。何不肉袒为辟阳侯言于帝？帝听君出辟阳侯，太后大驩。两主共幸君，君贵富益倍矣。』——《史记·郦生陆贾列传》

于是，阚籍孺大恐，从其计，言帝，果出辟阳侯。辟阳侯之囚，欲见平原君，平原君不见辟阳侯，辟阳侯以为倍己，大怒。及其成功出之，乃大惊。——《史记·郦生陆贾列传》

便做了个顺水人情，释放了审食其。

审食其开始因为朱建不见自己以为朱建背叛了自己，非常恨朱建。等他一出狱，知道是朱建设谋救了他，非常吃惊，也非常感谢朱建。

朱建是个小人物，《史记》仅仅在《郦生陆贾列传》中附载了他的传记。但是，在辟阳侯命悬一线之际，他设谋相救，使审食其免于一死。历史往往不太关注小人物，其实，小人物在关键时刻往往非常重要。

朱建出手救出了审食其，也为吕太后解了围。

善良、温顺的吕雉，历经了种种磨难，最终强大起来，那么她是如何在汉初政坛上崭露头角的呢？

请看：初露峥嵘。

韩信是刘邦战胜项羽的一号战将。没有韩信横扫黄河以北的魏、代、赵、燕、齐五诸侯，刘邦还得在荥阳、成皋和项羽苦苦鏖战。韩信完胜五诸侯，形成对项羽的战略包围，并出兵项羽的大本营彭城，切断了项羽的后勤基地，才有了鸿沟议和，才有了垓下之围，才有了乌江自刎。彭越的游击战更是让项羽疲于奔命，直接帮助刘邦两夺成皋。但是，这两位对刘邦建汉称帝功劳最大的诸侯王最终都惨死在吕后手下。吕后也因诛杀韩信、彭越而两获恶名，成为中国古代历史上最为著名的女魔头。一位善良、温顺的女子为什么会突然变得如此杀伐果决？究竟什么原因让她一下子成为凶残的女魔头？

三

初露峥嵘

一个老鼠坏了一锅汤

汉五年 (前202) 十月，吕后归汉，回到阔别七年之久的刘邦身边。

吕后做了二十八个月的人质才得以回归汉军，根本原因是韩信攻占齐地，并占领了楚军在山东南部、安徽北部的粮仓。断粮的项羽被迫接受鸿沟议和，吕后才结束了两年多的人质生活，回到刘邦身边。

据此而论，韩信应当是吕后的恩公。但是，韩信却在汉十一年 (前196) 被吕后所杀。真是此一时彼一时。

吕后为什么要杀死自己的恩公韩信呢？这还要从刘邦这个皇帝怎么当上的说起。

汉五年十二月，项羽战败自杀。当年正月，在楚王韩信、淮南王黥布、梁王彭越等人的共同拥戴下，刘邦在齐地定陶正式登基当了皇帝。

为了当皇帝，刘邦付出了很高的代价：将大片关东之地分给了韩信、彭越、黥布等人，以调动他们联手消灭项羽。此时的刘邦虽然贵为皇帝，但是，大片关东之地并不在他的直接掌控之中。

因此，刘邦当上皇帝时并没有独享天下，而是与韩信、彭越、黥布共同享有天下，也就是"共分天下"。"共分天下"的战略是刘邦最终战胜项羽的法宝，是由张良提出并经刘邦同意的。这一基本战略的制定是在鸿沟议和之后，刘邦追杀项羽，被项羽一再打败，韩信、彭越袖手旁观，不愿出兵的背景下的无奈之举。

刘邦做了皇帝之后，还愿意"共分天下"吗？

当然不愿意。因为"共分天下"原本就不是刘邦的初衷。刘邦从骨子里是希望"家天下"，由他刘氏一家独自统治天下的。

"共天下"与"家天下"的较量是从什么时候开始的呢？

其实，"家天下"的思想在刘邦登基之前就已经产生了，只是彼时的刘邦为了消灭主要竞争对手项羽，不得不采取这个权宜之计。"共天下"是多赢，"家天下"是独占。"共天下"是手段，"家天下"是目的。"共天下"的本质是统一战线。作为楚汉战争最大的赢家，刘邦当然不希望自己的既得利益与他人分享。这才是刘邦登上皇帝宝座之后最大的愿望。

既然如此，刘邦挥向开国功臣的第一刀砍向了谁呢？韩信。

韩信是楚汉战争中最出色的军事家，是刘邦最终战胜项羽的最主要的军事力量。韩信不但是军事实践家，也是军事理论家。因此，刘邦挥向功臣的第一刀非常明确地指向了韩信。

汉五年十二月，项羽自刎而死，刘邦带领诸侯联军用项羽的头招降了项羽的封国——鲁，回到定陶，刘邦

楚击汉军，大破之。汉王复入壁，深堑而自守。谓张子房曰："诸侯不从约，为之奈何？"对曰："楚兵且破，信、越未有分地，其不至固宜。君王能与共分天下，今可立致也。即不能，事未可知也。"
——《史记·项羽本纪》

第一件事就是策马跑到韩信的大营中，夺了韩信的兵权。直到韩信等人拥立他当了皇帝，刘邦才封韩信为楚王。第二年又借口有人告韩信谋反，削去韩信的王位改封韩信为淮阴侯，并让他居住京城达六年之久，但并未立即处死韩信。

既然刘邦没有立即杀死韩信，为什么后来吕后又杀死韩信呢？

原因在于汉十年（前197）九月的陈豨叛乱。陈豨叛乱怎么会和韩信扯到一块儿呢？

陈豨是刘邦诛杀三位异姓诸侯王的导火索。陈豨一个人牵连了韩信、彭越、黥布三位诸侯王，制造了汉初的三大奇案。真可谓一个老鼠坏了一锅汤。

陈豨怎么会有这么大的能量呢？他有什么独特来历吗？

陈豨的来历还真说不清楚，《史记》只记载他是宛朐（今山东菏泽市）人，率五百人起兵投奔刘邦。至少这里有两个问题：一是陈豨何时加入刘邦集团，二是陈豨有何战功，史书都没有记载。没有记载的原因之一应当是无可记之事。

陈豨真正的发家源于平定代地韩王信的叛乱。

汉七年（前200）冬，韩王信叛乱，逃入匈奴。刘邦穷追不舍，一直追至平城（今山西大同市）。陈豨因为平叛有功，受封阳夏侯。仅仅一个阳夏侯，陈豨搅动汉初政坛的分量还远远不够。但此时的陈豨被刘邦授予诸侯相：赵国国相。仅仅如此，陈豨的分量仍然不够。要命的是刘邦给了他一个重要军职：以赵国国相的身份统领赵、代两国军队。

这个职位太重要了。第一任代王韩王信叛乱，第二任代王刘喜临阵脱逃，都是因为匈奴入侵。因为代地是汉匈两军交兵的重要战场。赵地毗邻代地，为中原重镇。陈豨一个人统率赵、代两国军队，位高权重。虽然，陈豨此时只是名义上的赵国国相，但是，他统领的重兵实际是西汉北部的整个国防兵。

及高祖七年冬，韩王信反，入匈奴，上至平城还，乃封豨为列侯，以赵相国将监赵代边兵，边兵皆属焉。——《史记·韩王信卢绾列传》

陈豨统率重兵，干韩信何事？

因为陈豨摊上事了，而且是摊上大事了。什么事呢？

养士。

战国时期是人才争夺最激烈的时期，因此养士之风盛行。战国四公子平原君、信陵君、春申君、孟尝君都好这口。陈豨生在战国末年，目睹了当时养士的盛况，心中甫提多向往了。陈豨受命监管赵、代边兵，拥有巨大权力后，便广招门客，大力养士。所以，陈豨门客众多，每到一地，陈豨的门客前呼后拥，威风八面。但是，就是这一口要了陈豨的命。

养士怎么会要了陈豨的命呢？

陈豨回京，每次都要途经赵国。此时，赵国国相是刘邦的亲信周昌。一次，陈豨经过邯郸，手下跟随的门客就有一千多辆车，整个邯郸城的宾馆全被陈豨的门客包了。等陈豨返回代地后，周昌进京求见刘邦，详细讲述了陈豨门客的盛况。特别强调，陈豨统重兵数年，门客如此众多，担心有变。

周昌是什么人？周昌是刘邦最信任的大臣。此前，周昌贵为汉中央政府御史大夫，副丞相级的干部。但是，为了保护刘邦爱子刘如意，周昌受其重托，屈居赵相。周昌专为此事进京告状，刘邦当然极为重视，赶快派人调查陈豨的门客，发现陈豨的门客还真有不少违法之事，而且很多事还牵连到陈豨。

陈豨门客众多，消息非常灵通，很快就听说皇上派人调查自己，陈豨立马惊慌失措。陈豨深知刘邦疑心极重，一旦被刘邦惦记上，肯定没有好果子吃。再说，他了解自己的门客，有不少不法之事，一旦彻查，肯定要说自己的事。于是，他赶快派人和韩王信的部将王黄、曼丘臣联系。陈豨遇到麻烦怎么想起来和韩王信联系呢？韩王信可是明确叛汉的叛将啊。

原来，韩王信叛乱时曾派手下王黄等人劝陈豨投降匈奴。陈豨虽然没有参与谋反，但他留了一手。刘邦一查自己，陈豨马上派人联系王黄。

高祖十年七月，太上皇病故，刘邦派人召陈豨进京参加治丧。刘邦这一手也挺绝，他已经查明了

豨常告归过赵，赵相周昌见豨宾客随之者千余乘，邯郸官舍皆满。豨所以待宾客如布衣交，皆出客下。豨还之代，周昌乃求入见。见上，具言豨宾客盛甚，擅兵于外数岁，恐有变。——《史记·韩王信卢绾列传》

上乃令人覆案豨客居代者财物诸不法事，多连引豨。——《史记·韩王信卢绾列传》

豨恐，阴令客通使王黄、曼丘臣所。——《史记·韩王信卢绾列传》

陈豨的诸多不法之事，只是没有最后确认。这次召陈豨进京，就是一次确认的机会。如果陈豨敢进京，说明陈豨没有叛乱之心。如果陈豨借口不进京，那么，陈豨必反无疑。

陈豨一听说皇上召自己进京，立即明白刘邦已经认为自己叛乱了。于是，他谎称自己病重，不能进京，并立即派人和韩王信的部将王黄联系，公开竖起反汉的大旗，并劫持了赵、代两地许多官员。

刘邦一听说陈豨反了，并劫持了赵、代两地众多官员参加叛乱，立即下诏赦免赵、代两地被陈豨劫持的官吏，亲自带兵平叛。刘邦到达邯郸，非常高兴地说，陈豨南面不占领漳水，北面不据守邯郸，我断定陈豨不可能有什么大作为了。赵相周昌向刘邦建议，处死常山郡的郡守、郡尉。常山郡二十五座城，陈豨一叛乱就丢了二十座城。刘邦问周昌："常山郡的郡守、郡尉参与谋反了吗？"周昌回答："没有。"刘邦马上说："这是兵力不够的原因，赦免他们，仍然任命他们担任常山郡的郡守、郡尉。"

刘邦问周昌，赵国有人可以担任将军吗？周昌立即推荐了四个人。四位壮士拜见刘邦，刘邦看了一眼，怒责他们："你们配当将军吗？"四个人惭愧得趴在地上。刘邦封他们四个人每人千户食邑，作为偏将。刘邦身边的近臣说："当年跟随入蜀、伐楚的功臣都没封完。

及高祖十年七月，太上皇崩，使人召陈豨，豨称病甚。九月，遂与王黄等反，自立为代王，劫略赵、代。
——《史记·韩王信卢绾列传》

上自往，至邯郸，喜曰："豨不南据漳水，北守邯郸，知其无能为也。"赵相奏斩常山守、尉，曰："常山二十五城，豨反，亡其二十城。"上问曰："守、尉反乎？"对曰："不反。"上曰："是力不足也。"赦之，复以为常山守、尉。
——《史记·韩王信卢绾列传》

"这四个人有什么功可以封赏？"刘邦说："你们不懂。陈豨谋反，邯郸以北全部被他占了。我紧急征调全国士兵，至今没有一支部队到达，只有邯郸的兵可用啊。你想，我怎么会吝啬这四千户呢？我是拿四千户安抚赵地青年参战平叛啊！"左右一听，齐声喊好。

刘邦平定陈豨叛乱打得非常讨巧。一用金钱，二用武力，双管齐下。

刘邦首先了解了陈豨爱将是谁。当他知道陈豨手下的爱将王黄和曼丘臣原来都是商人。立即悬赏千金抓捕王黄、曼丘臣等人。叛军受刘邦重金悬赏的驱动，活捉了王黄、曼丘臣两人，结果导致陈豨军溃败。

高祖十一年（前196）冬，汉军杀了陈豨手下的两员大将；又在聊城大败陈豨军，斩首一万多人。太尉周勃此时也平定了太原郡。

十二月，刘邦亲自率兵攻打东垣（今河北石家庄市）。不久，东垣投降，刘邦只杀了骂他的那位士卒，没有骂他的士卒全受黥刑（墨刑、脸上涂墨刺字），并将东垣改名为真定。陈豨被彻底击败。

高祖十二年（前195）冬，樊哙率军杀死陈豨，叛乱全部平定。

这场平叛前后历时三年。

上问周昌曰："赵亦有壮士可令将者乎？"对曰："有四人。"四人谒，上谩骂曰："竖子能为将乎？"四人惭伏。上封之各千户，以为将。左右谏曰："从入蜀、汉，伐楚，功未偏行。今此何功而封？"上曰："非若所知。陈豨反，邯郸以北皆豨有。吾以羽檄征天下兵，未有至者，今独邯郸中兵耳。吾胡爱四千户封四人，不以慰赵子弟。"皆曰："善。"——《史记·韩王信卢绾列传》

王黄、曼丘臣其麾下受购赏之，皆生得，以故陈豨军遂败。——《史记·韩王信卢绾列传》

上曰："陈豨将谁？"曰："王黄、曼丘臣，皆故贾人。"上曰："吾知之矣。"乃各以千金购黄、臣等。——《史记·韩王信卢绾列传》

陈豨作为刘邦的爱将，原来没有背叛刘邦的想法，他最终走上叛乱之路是多种原因促成的。

一是陈豨手握重兵。

二是陈豨为人张狂。

手握重兵，养数千门客。出行浩浩荡荡，的确威风凛凛。但在风光无限的背后隐藏着巨大的危机：会不会有人看不惯陈豨这一套作派？会不会有人告陈豨谋反？对陈豨来说，门客是帮忙，还是添乱？

三是陈豨经不起查。

如果有人告发陈豨，陈豨经得住查吗？很难！常言道："林子大了什么鸟都有。"陈豨收养了三千门客，谁敢保证这些门客都是本分之人？其中必然有人依靠陈豨的军权干违法之事。这就是隐患！仔细想想，三千门客投靠陈豨的目的是什么？他们看重的就是陈豨有军权，有军队作后台。违法之事闹大了，最终得陈豨去收场。时间一长，陈豨也和违法之事沾上了。

四是陈豨与叛军联手。

刘邦开始对陈豨非常信任，所以才会委任他掌管赵、代两国边防军。但是，周昌一说陈豨手握重兵，养士众多，立即派人查陈豨的门客。三查两查，查到陈豨头上。陈豨最不应当做的是立即联系叛军。这样，陈豨就走上了不归之路。

五是刘邦的做派。

陈豨尽管是刘邦的爱将，但是，他也担心落个韩信那样的下场。刘邦诱捕韩信，活干得漂亮、利索，但是，伪游云梦，抓捕韩信，夺爵削王，后果极为严重。刘邦的手下，无论封疆大吏，还是裂土封王，一听说刘邦召见，立即想到造反。谁的屁股底下没点脏东西呢？即使经得住查的官员，经得住诬陷吗？

但是，陈豨叛乱就是陈豨叛乱，怎么会把韩信扯进来呢？

原来，韩信被人诬告谋反，降为淮阴侯，住在京城。韩信认为这是刘邦害怕和讨厌他的军事才能，因此心怀怨恨，常常以有病为借口不上朝，耻于和绛侯周勃、颖阴侯灌婴一样为侯。韩信的这种委屈心态很自然，因为韩信被刘邦伪游云梦抓捕时确实没有反叛。只是因为韩信的军事才能过于超人，刘邦对韩信丝毫不敢怠慢。宁可信其有，绝不信其无。

韩信被降为淮阴侯，丢了王位，失了军权，心里自然不会平衡。

一次，他去樊哙府上。樊哙是刘邦的连襟，又是军功卓著的将军，但是，一看到韩信来访，樊哙"跪拜送迎"，诚惶诚恐地对韩信说："大王光临寒舍，实在大出我的意外。"樊哙的表现说明在刘邦集团中韩信的军事才能实在是无人可比。樊哙既亲且贵，见到韩信，一改常态，"跪拜送迎"。樊哙一生对谁这么做过？生平第一次啊！韩信的军事才能让樊哙等因军功分封的列侯佩服得五体投地。韩信出了樊哙的府第，自嘲地说："我现在和樊哙等人平起平坐了。"

信知汉王畏恶其能，常称病不朝从。信由此日夜怨望，居常鞅鞅，羞与绛、灌等列。
——《史记·淮阴侯列传》

信尝过樊将军哙，哙跪拜送迎，言称臣，曰：『大王乃肯临臣！』信出门笑曰：『生乃与哙等为伍！』
——《史记·淮阴侯列传》

陈豨被任命为赵、代两国边防军司令时，曾专程到韩信府上辞行。韩信拉着陈豨的手，让身边随从全退下去。二人信步庭中，韩信仰天长叹说："我想和你说几句心里话。"陈豨说："愿听将军教诲。"韩信说："你就职的地方是天下精兵驻扎之地，你又是陛下最信任的将军。要是有人说你反了，'陛下必不信'；如果第二次传来你反了的消息，陛下才会怀疑；第三次说你反了，陛下一定会愤怒得率兵亲征。一旦皇上亲征，我将在京城作内应，天下将大有可图。"陈豨一向知道韩信本事极大，非常相信韩信的判断。他恭恭敬敬地回答韩信说："遵命。"

汉十一年 (前196)，陈豨果然反了。刘邦果如韩信所料，亲自率兵平叛，韩信推托有病没有随刘邦出征，暗中派人给陈豨报信，你一出兵，我就在京城助你一臂之力。

韩信和家臣商议，趁夜诈称皇上下诏书，赦免京城各个官府的官奴，武装他们偷袭吕后、太子。全部部署完毕，只等陈豨的消息。没想到自己的一个门客犯了罪，韩信把他关起来，想杀了他。这位门客的弟弟得知哥哥将被杀，立即上书告发韩信谋反。吕后接到举报，想召韩信入宫，又担心韩信不会听从，便请来相国萧何商议。萧何建议：诈称刘邦从前方传来消息，陈豨被杀，全体列侯、大臣都要进宫祝

陈豨拜为巨鹿守，辞于淮阴侯。淮阴侯挈其手，辟左右与之步于庭，仰天叹曰："子可与言乎？欲与子有言也。"豨曰："唯将军令之。"淮阴侯曰："公之所居，天下精兵处也；而公，陛下之信幸臣也。人言公之畔，陛下必不信；再至，陛下乃疑矣；三至，必怒而自将。吾为公从中起，天下可图也。"陈豨素知其能也，信之，曰："谨奉教。"

——《史记·淮阴侯列传》

阴使人至豨所，曰："弟举兵，吾从此助公。"

——《史记·淮阴侯列传》

贺。萧何亲自到韩信府上邀请韩信入宫，韩信不愿去。萧何说："即使有病在身，也得去。"韩信一向受萧何关照，很信任萧何，便和萧何一块儿入宫。韩信一入宫，吕后立即命令武士将韩信抓起来，并立即在长乐宫钟室将韩信处死。韩信被杀之前，悔恨地说："我真后悔当初不听蒯通（韩信任齐王时，谋士蒯通就鼓动韩信造反，背汉自立，韩信不忍。）的话，竟然被一个女子骗了，真是天意啊！"吕后随即下令将韩信一家诛灭三族。

刘邦平定陈豨叛乱归来，听说韩信被杀，又兴奋又感慨。

一个陈豨断送了韩信的命！没有陈豨谋反，韩信再不满意刘邦，没有时机，他也不至于自不量力地谋反。至于刘邦、吕后是否容得下韩信，何时何地会以何种方式除掉韩信，那就看造化了。

由于陈豨叛乱，韩信谋反，一代名将韩信就这样走完了自己悲剧的人生。

女人的心思不可小觑

据《史记·淮阴侯列传》，刘邦平定陈豨

信乃谋与家臣夜诈诏赦诸官徒奴，欲发以袭吕后、太子。部署已定，待豨报。其舍人得罪于信，信囚，欲杀之。舍人弟上变，告信欲反状于吕后。吕后欲召，恐其党不就，乃与萧相国谋，诈令人从上所来，言豨已得死。列侯群臣皆贺。相国绐信曰：『虽疾，强入贺。』信入，吕后使武士缚信，斩之长乐钟室。信方斩，曰：『吾悔不用蒯通之计，乃为儿女子所诈，岂非天哉！』遂夷信三族。——《史记·淮阴侯列传》

高祖已从豨军来，至，见信死，且喜且怜之。——《史记·淮阴侯列传》

叛乱之后回到京城才知道韩信被杀一事。

《史记·萧相国世家》载，汉十一年（前196），刘邦在邯郸平定陈豨叛乱时，淮阴侯韩信在关中谋反，吕后用萧何之计诱杀韩信。刘邦听说韩信谋反被杀，立即派使者慰问萧何，加封萧何五千户，还专门为萧相国配了五百人的卫队。

《史记》有关韩信之死的两条记载相互矛盾，哪一条更可靠呢？

我个人认为：《史记·萧相国世家》的记载更为可靠，《史记·淮阴侯列传》的记载可能有误。

第一，吕后不敢不报告。韩信的地位、功勋、声望绝非一般功臣可比，在刘邦集团中韩信的军功永远是"第一"，不可能是"之一"。因此，吕后诛杀汉帝国第一功臣韩信不敢不报告刘邦。吕后杀韩信没有刘邦的手令，当属擅杀大臣，吕后可以事前不请示。因为这有说头，事情紧急。但是，杀了韩信吕后绝对不敢不报告刘邦。

第二，担心影响废立太子。刘邦此时正在酝酿废太子刘盈，立戚夫人之子赵王刘如意为太子。吕后的地位朝不保夕，万一处理失当，惹恼了刘邦，吕后的皇后、刘盈的太子，全玩儿完了，她岂敢大意？她岂敢造次？她岂敢不报告刘邦？

第三，吕后邀功心切。汉十一年（前196），正是刘邦

上已闻淮阴侯诛，使使拜丞相何为相国，益封五千户，令卒五百人，一都尉为相国卫。——《史记·萧相国世家》

废立太子的关键时刻，吕后已经不可能在容貌上取悦刘邦了，但是，吕后以杀韩信展示自己的政治实力，显示自己的肌肉，表明她对巩固刘姓江山的特殊作用。这类事件，吕后一定会以紧急军情速告在前方平叛的刘邦，显示自己的存在。她要等刘邦平叛归来再汇报，岂不是失去了显摆自己重要性的大好机会？

从各个方面看，吕后都会立即将此事上报刘邦。

吕后为什么如此急吼吼地杀死韩信呢？

第一，韩信谋反了。谋反是族诛之罪，必杀之罪。因此，吕后敢于不请示而杀韩信。

第二，韩信太能干了。韩信是杰出的军事理论家，亦是杰出的军事指挥家。一旦韩信动起来，国中无人可以降得住韩信。

第三，展示肌肉。吕后的地位此时已经处于风雨飘摇之中，她迫切需要展示肌肉，显示力量。

第四，吕后需要为"后刘邦时代"预做准备。刘邦已经日显老态，吕后需要为"后刘邦时代"做点工作。其中，最重要的准备是抓紧一切机会除掉开国功臣。而且，此事越早越好，越多越好。多除掉一个功臣就少一个未来的麻烦。

第五，刘邦早有诛杀韩信之心。吕后和刘邦相处多年，她对刘邦隐秘的心态太了解了。刘邦不愿和韩信、彭越、黥布"共享天下"，只想独占天下，因此，刘邦对韩信等大功臣早有诛杀之心，只是时机未到。吕后此时利用真凭实据诛杀韩信，一定暗合刘邦之心。刘邦得知此信后，毫无抵触情绪，反而连萧何都进入了怀疑之列。

所以，此时的吕后杀伐果决，毫不顾及韩信开国功臣和恩公的双重身份，展示了吕后刚毅决断的性格。

韩信是参与谋反被杀，这还有个说头，但是，彭越呢？他为什么被杀呢？

既干就干得彻底点

彭越是刘邦消灭项羽集团中对刘邦直接帮助最大的功臣，他在刘邦灭项的过程中主要做了三件大事：

第一，汉三年^(前204)五月，彭越攻打楚将项声、薛公于下邳，大破楚军，断绝楚军粮道；迫使项羽回援，使刘邦乘机一夺成皋。

第二，汉四年^(前203)十月，彭越在刘邦派来的刘贾的帮助下，攻破睢阳、外黄等十七城，迫使项羽回援，刘邦乘机二夺成皋。

第三，汉五年^(前202)十二月，彭越与刘邦、韩信会合，于垓下战败项羽。

这三件大事对刘邦来说都极为关键。

依照彭越所立之功，刘邦灭项羽受彭越之益最直接，因此，彭越理应是刘邦名列第二的大功臣。

刘邦、彭越的关系为什么在短短五年之后就迅速恶化了呢？

是时，彭越渡睢水，与项声、薛公战下邳，彭越大破楚军。项羽乃引兵东击彭越，汉王亦引兵北军成皋。——《史记·高祖本纪》

汉王三年，彭越常往来为汉游兵，击楚，绝其后粮于梁地。——《史记·魏豹彭越列传》

汉四年冬，项王与汉王相距荥阳。彭越攻下睢阳、外黄十七城。项王闻之，乃使曹咎守成皋，自东收彭越所下城邑，皆复为楚。——《史记·魏豹彭越列传》

彭越乃悉引兵会垓下，遂破楚。——《史记·魏豹彭越列传》

还是陈豨惹的祸。

汉十年（前197），陈豨在代地叛乱，刘邦亲自出征，并向梁王彭越征兵参战。彭越称病不能参加，只派了手下的将领带兵参战。这一下惹得刘邦大怒。刘邦说："我用紧急文告向天下诸侯征兵，没有响应者，如今只有邯郸的兵可用。"在平叛的关键时刻，刘邦向天下诸侯征兵，响应者寥寥。韩信此时已无兵权，彭越也不亲自率兵平叛，这让刘邦气不打一处来。于是，派人责备彭越。彭越见刘邦恼了，马上想到邯郸面见刘邦，做个解释。但是，彭越的部将扈辄认为：皇上开始征兵时你不去，现在皇上发怒了你再去，去也白去，一到那儿肯定会像当年抓韩信一样把你抓起来，不如趁此时反了。彭越此时毫无反意，但是，一件突发事件将彭越扯进了深渊。彭越手下一位太仆，因为过失惹恼了彭越，彭越将其抓起来，想杀了他。但是，太仆逃了，而且跑到刘邦那儿告了彭越一状，说彭越与扈辄要谋反。因为彭越没有反，所以，毫无防范。刘邦只派了一介使者，就将彭越抓了起来，囚送京城洛阳，下狱治罪，定为谋反。幸亏刘邦法外施恩，削去彭越的梁王的爵位，废为庶民，移送蜀地青衣县（今四川雅安市名山区）居住。

刘邦为什么对彭越不奉诏助战这件事看得这么重呢？彭越为什么不亲自带兵参战呢？

十年秋，陈豨反代地。高帝自往击，至邯郸，征兵梁王。梁王称病，使将将兵诣邯郸。高帝怒，使人让梁王。梁王恐，欲自往谢。其将扈辄曰：『王始不往，见让而往，往则为禽矣，不如遂发兵反。』梁王不听，称病。梁王怒其太仆，欲斩之。太仆亡走汉，告梁王与扈辄谋反。于是上使使掩梁王，梁王不觉，捕梁王，囚之洛阳。有司治反形已具，请论如法。上赦以为庶人，传处蜀青衣。——《史记·魏豹彭越列传》

刘邦看重的是自己这个皇帝在彭越心中到底有多重的分量，同时也因为刘邦平叛时手中无兵可用，实在着急上火。刘邦认为：彭越来不来关系到彭越是否忠诚于自己。

彭越没有亲自出征的主要原因是：彭越并没把这件事当回事。

彭越为什么没有把刘邦征兵一事当回事呢？

习惯。不听刘邦的征兵令，对彭越来说不是第一次了。汉五年（前202）刘邦邀他出兵合围项羽，他曾有过拒不出兵的先例。

那一次是彭越根本没有动，这一次彭越已经派兵参战，只是自己没有亲自参加。

为什么合围项羽之时彭越不参战，刘邦不但不处罚他还要加封他土地呢？

刘邦力不从心。

为什么这一次出兵陈豨彭越虽然未亲自出战但还是派了兵，刘邦却非常恼火呢？

刘邦成了大当家的了，脾气自然也就见长了。

未灭项羽之前，刘邦对彭越有怨气但不敢发泄，因为，项羽未灭亡之前，刘邦需要利用彭越去消灭项羽。因此，刘邦对彭越的不听指挥无可奈何，只能采取加封土地的手法，诱使彭越参战。

项羽被灭之后，彭越对刘邦来说已经毫无使用价

彭越本定梁地，功多，始君王以魏豹故，拜彭越为魏相国。今豹死毋后，且越亦欲王，而君王不蚤定。与此两国约，即胜楚，睢阳以北至谷城，皆以王彭相国；从陈以东傅海，与齐王信。齐王信家在楚，此其意欲复得故邑。君王能出捐此地许二人，二人今可致；即不能，事未可知也。——《史记·魏豹彭越列传》

值，剩下来的只有彭越对刘邦的威胁。如果彭越活到刘邦之后，那么彭越还可能会威胁到汉惠帝刘盈。因此，彭越和刘邦的关系在项羽被消灭之后已经走到了历史的拐点。

彭越想到这一点了吗？

没有。为什么呢？彭越是一位江洋大盗出身的悍将，考虑问题没有如此周密，他不具备这样的政治头脑。

因此，彭越还采用了当年征兵合围项羽时的老办法，当然比起当年他已经做得好多了。当年根本不理睬刘邦，现在毕竟还派了兵参战，只是没亲自出征而已。

刘邦处理彭越的做法仍然是他杀戮功臣的一贯做法：温水煮青蛙，一步一步到位。刘邦并不急于一步到位处死彭越。刘邦为什么要这样处理呢？形象。刘邦多多少少还要顾及点形象。

彭越西行走到郑地（今陕西渭南市华州区），刚好遇见吕后从长安东来，准备去洛阳。彭越赶忙向吕后哭诉自己的冤情，表示自己不愿意流放到蜀地，愿意回到自己的家乡昌邑（今山东巨野县）。吕后表示愿意帮忙，便将彭越带了回来。

彭越为什么会向吕后哭诉自己的冤情呢？

第一，毫无政治头脑。

楚汉战争中，彭越在项羽的后勤供应线上采用机动作战的方法，多次断项羽楚军粮道，打得有声有色。

西至郑，逢吕后从长安来，欲之洛阳，道见彭王。彭王为吕后泣涕，自言无罪，愿处故昌邑。吕后许诺，与俱东至洛阳。——《史记·魏豹彭越列传》

彭越的游击战，是中国军事史上最早的游击战。但是，彭越毕竟只是一位偏才，一位只具军事才能而没有政治头脑的军事家。

彭越赶不上韩信，韩信死前还认识到兔死狗烹、鸟尽弓藏的道理，彭越连这都不懂。这和彭越江洋大盗的出身有关。因此，彭越不知道他和刘邦已经走到了鸟尽弓藏的地步了。

第二，不了解吕后。

吕后在整个反秦、反项的斗争中从未出过头露过面，彭越明显没有认识到吕后的可怕。尤其是没有意识到吕后杀功臣的两大目的：一是展示肌肉。二是为"后刘邦时代"做准备。

答应帮助彭越的吕后见了刘邦会为彭越求情吗？

怎么可能呢。

吕后见到刘邦说："彭越是一条好汉。如果现在把他流放到蜀地，这是放虎归山，不如趁此机会杀了他。所以，我把他带来了。"

刘邦如何回答吕后的话，《史记》《汉书》都没有记载，但从最后族杀彭越看，刘邦批准了吕后的建议。这足以证明刘邦确有杀彭越之心，否则，吕后的建议绝不可能被刘邦批准。

于是，吕后命令彭越的门客告彭越谋反，司法官判彭越灭族，刘邦批准了这个决定，彭越被灭三族。

吕后白上曰：『彭王壮士。今徙之蜀，此自遗患，不如遂诛之。妾谨与俱来。』于是吕后乃令其舍人告彭越复谋反。廷尉王恬关奏请族之。乃可，遂夷越宗族，国除。——《史记·魏豹彭越列传》

据《史记·黥布列传》所载，刘邦杀了彭越之后，还将彭越的尸体制成肉酱，分给天下诸侯食用，警示天下。

尚未叛乱的淮南王黥布接到用梁王彭越尸体做成的肉酱，非常紧张，立即布置军队，观察邻郡的动静。

在彭越传中，司马迁明确记述了彭越没有叛乱。所以，汉初被杀的功臣中彭越的冤情最明显。所以，司马迁在彭越的传记中对他的冤情记述得也最详细。

吕后为什么敢如此大胆地杀韩信、彭越这些开国功臣呢？

第一，刘邦称帝后对功臣的极度猜忌。

刘邦给人的印象是宽容大度，但是，刘邦的这种大度只是一种表象，刘邦的内心怀着对所有功臣深深的猜忌，只是含而不露而已。貌似大度，内藏猜忌，这才是真实的刘邦。

刘邦对异姓诸侯王早就心存戒备。所谓"共分天下"不过是权宜之计、无奈之举。这和刘邦骨子里存在的"家天下"形成了必然性的冲突。

因此，变"共分天下"为"家天下"是刘邦的既定方针，是不可逆转的历史趋势。

所以，刘邦除掉异姓诸侯王只是个时间问题。而且，他所除掉的异姓诸侯王又必然有灭亡项羽时立功最为卓著的韩信、彭越、黥布等人。

十一年，高后诛淮阴侯，布因心恐。夏，汉诛梁王彭越，醢之，盛其醢遍赐诸侯。至淮南，淮南王方猎，见醢，因大恐，阴令人部聚兵，侯伺旁郡警急。——《史记·黥布列传》

刘邦与吕后为结发夫妻，虽然刘邦起兵反秦之后，吕后与刘邦七年没有共同生活，但是，刘邦深知其妻的为人。

因此，我们有充分的理由相信：刘邦深知其妻，原因只有一个，他是吕后的丈夫，长期的相处使他深知吕后的为人。

同理，吕后也一定深知刘邦对开国功臣的忌恨，原因也只有一个，因为她是刘邦的妻子，长期的相处也使她深知刘邦的为人！

这正是吕后敢于不经请示就处死韩信的基本判断！

如果吕后不知道刘邦在灭了项羽之后对韩信的忌恨，就是借给她一千个胆儿她也不敢杀韩信。韩信是开国功臣，又曾经做过刘邦的大将军，吕后岂敢造次？

因此，诛杀韩信，表面看来是吕后杀功臣，其实，吕后只是替刘邦做了他想做而还没有来得及做的事。

刘邦得知韩信被吕后所杀之事后，丝毫没有责备吕后，更没有处罚吕后，证明吕后的判断是准确的。《史记·淮阴侯列传》记载此事时写了这样一个细节：

刘邦从平定陈豨叛乱的前线回京，得知韩信死了，一面很高兴，一面为韩信叹息。

刘邦第一反应是高兴，因为吕后到底为自己除掉了一个心腹大患！其次才是哀叹韩信的命运。

我们可以想一想，为什么吕后那么忌恨戚夫人却不敢像杀韩信一样处死戚夫人呢？因为她知道她要是在刘邦在世之时杀了刘邦最宠爱的戚夫人，刘邦决不会饶她！她敢杀戚夫人，刘邦就敢杀她。同样，吕后也绝不敢在刘邦在世之时杀赵王刘如意。因此，吕后杀赵王刘如意，杀戚夫人，只能等到刘邦去世之后才能动手。

可见，吕后杀韩信其实是代刘邦杀功臣，这笔账不能只算在吕后身上，刘邦绝对脱不了干系！

项羽死后，刘邦首先夺了韩信的齐王，改封为楚王。齐王韩信的兵权太大，必须立即处理。楚王韩信的兵权已经小多了，所以可以允许存在。诱捕了楚王韩信之后，他并没有将韩信一棍子打死，只是将韩信降为淮阴侯，放在京城，削去军权，留待以后再做处理。

这就是刘邦式的处理办法。

处理彭越也体现了刘邦这种一步一步到位的独特方式：刘邦只是将彭越由梁王贬为庶民，流放到蜀地，并没有立即处死他。

但是，吕后不一样，吕后的处理方式是一步到位，直奔主题。所以，刘邦将彭越放逐蜀地，吕后却将彭越从流放途中带回来，一步到位地处死了他。

杀韩信，对吕后而言，是小试牛刀。族诛彭越，她已经是越俎代庖了。她的胆子是越杀越大，心是越杀越黑。

刘邦倒也乐见其成，反正是处死那些让他内心不安的功臣，由吕后直接操作，让吕后承担杀功臣的恶名，比自己承担这个恶名更好。所以，刘邦对吕后处死韩信没有一点责怪。他只关心被冤杀的韩信临死前说了什么，以便除掉当年鼓动韩信叛汉的蒯通。

同样，刘邦对吕后要求一步到位地处死彭越也没有表示反对，他同样乐得吕后在历史上替自己承担杀彭越的恶名。

刘邦对韩信、彭越没有一步到位地杀掉并不能说明刘邦为人宽容。因为刘邦从不是一个宽容的人，他的宽容只是一种策略，一种表象。

刘邦对项羽有宽容吗？没有！汉四年（前203）的鸿沟议和，刘邦是同意的。张良、陈平劝他趁机除掉项羽，刘邦何尝没有想到趁机除掉项羽呢？此时已不是鸿门宴之时了，刘邦已经控制了整个黄河以北的土地，黥布、刘贾也已经控制了安徽的大部，刘邦已经完成了对项羽东、西、南、北四方面的战略包围。刘邦此时绝对不会放过项羽。这种情况下刘邦同意项羽中分鸿沟的计划，目的只有一个，就是利用议和让项羽放回他的父亲和吕后。

单纯的项羽在刘邦同意议和之后立即释放了刘邦的父亲和吕后，刘邦却虚晃一枪，在项羽释放了其父其妻之后，撕毁协议，追杀项羽。据史书记载，此事是张良、陈平的建议。其实，这与让吕后出面杀韩信、杀彭越一样，刘邦和张良、陈平的意见肯定是一致的。只不过刘邦这次是让张良、陈平承担了背信弃义的罪名。

第二，吕后对"后刘邦时代"政治局面的顾忌。

吕后在杀韩信、杀彭越时表现得比刘邦更积极、更主动，力主一步到位。其中，除了因为吕后不赞成刘邦一步一步慢慢来的处事方式，还有更深一层的原因，那就是吕后还顾及刘邦百年之后的"后刘邦时代"的政治局面。

刘邦一生征战，多次受伤。比较严重的有两次：

汉四年（前203）刘、项荥阳对峙之时，刘邦被项羽一箭射中胸部。

汉十一年（前196）黥布被逼反时，刘邦曾经因伤而不打算亲征，而是想让太子刘盈代他亲征。但是，由于他人设计，刘邦无奈，只好亲征黥布，结果又受了致命的一处箭伤。

汉十二年（前195），刘邦已经因伤病危，拒绝治疗。

此时的吕后向刘邦询问萧何之后的相国人选。

刘邦说曹参可继任。吕后又问曹参之后的人选，刘邦说王陵、陈平可继任，并选周勃任主管军事的最高长官太尉。吕后又问这以后的人选，刘邦说："这以后的事你也不用问了。"

吕后对刘邦的健康状况，以及刘邦死后的重要人事安排的高度关注，说明吕后比刘邦更关注"后刘邦时代"如何驾驭开国功臣这一重大问题。

第三，刘邦对吕后外戚派的有意扶持。

刘邦晚年利用吕后除掉了韩信、彭越两位最著名的开国功臣，目的之一即是有意培植吕后一党的势力。

刘邦深深懂得权力制衡的道理。

宋人吕祖谦说："存吕后为有功臣，存功臣为有吕后，此高祖深意也。"（《大事记》）吕祖谦的话不无道理，但不够深刻；刘邦对吕后绝不仅仅是存，而是刻意扶植。

当时的朝中有刘氏宗族派、功臣元老派和吕氏外戚派三派势力。功臣元老派是在灭秦、灭项的战争中自然形成的，经过异姓王的由封到除，功臣元老派势力虽然大大受损，但是，仍然具有相当强的实力。

刘氏宗族派主要是刘邦分封的诸子。他们被分封时一般年龄较小，还形不成一股强大的政治势力，但是，他们是正宗的皇权继承人，政治上占有极大优势。

已而吕后问曰："陛下百岁后，萧相国即死，令谁代之？"上曰："曹参可。"问其次，上曰："王陵可。然陵少戆，陈平可以助之。陈平智有余，然难以独任。周勃重厚少文，然安刘氏者必勃也，可令为太尉。"吕后复问其次，上曰："此后亦非而所知也。"——《史记·高祖本纪》

吕氏外戚派在刘邦去世之前还没有形成一股强大的势力，在三派之中，力量较小。

刘邦不想让功臣元老派的势力过强过大，也不想让吕氏外戚派的势力过强过大，因此，利用吕氏外戚派和功臣元老派的相互制衡，才能最大限度地坐收渔翁之利，保住刘氏江山的代代相传。

因此，刘邦利用吕后杀戮韩信、彭越的过程，也是有意培植吕后外戚派的过程。所以，吕后杀戮开国功臣不仅是做了刘邦想做而尚未做完的事，更重要的是，在刘邦的扶植下形成了能够抗衡功臣元老派的吕氏外戚派。

吕氏外戚派的恶性膨胀当然会招来功臣元老派的反对，但是，正是有功臣元老派的反对，吕氏外戚派的势力才会得到有效的遏制。

所以，汉代初年吕氏外戚派和功臣元老派之间的斗争，是刘邦刻意扶持的结果。

吕后在剪除功臣元老派的斗争中崛起政坛，初露峥嵘，杀害了开国功臣韩信、彭越；已经高高举起屠刀的吕后还会向谁挥舞屠刀呢？

请看：废立之争。

废立之争

四

吕雉原本是一个温顺听话的女儿，善良贤惠的继母，勤劳持家的主妇，任劳任怨的妻子。但是，在刘邦下世之后吕后对待戚夫人和刘邦的爱子刘如意却表现得非常残酷；吕后与戚夫人到底有多大的深仇？什么原因导致她的行为变得如此令人发指呢？

得宠的女人发飙：厉害

让吕后发疯的是戚夫人。戚夫人什么时候来到刘邦身边的呢？

刘邦起兵反秦是在秦二世元年（前209）九月，此时是陈胜、吴广起兵反秦两个月后，当时刘邦手下只有两三千人，属于小股反秦武装。他外出伐秦竟被留守的雍齿将丰邑献给了魏将。刘邦为了夺回丰邑，前后打了三仗，其中一次败仗还让刘邦气得害了一场大病。后来还是项梁给了他五千士兵，刘邦才得以收复丰邑，有了立足之地。此时，生存问题压倒一切，刘邦无暇顾及女色。

秦二世二年（前208），刘邦忙于征战，得到戚夫人并长侍身边的可能性也不大。

秦二世三年（前207），刘邦攻入关中。此时，刘邦最迫切的需求是生存，要他革命、生产两不误，既与秦军作战，又不忘寻找美女，恐怕很难。

汉元年（前206），刘邦被封为汉王，社会地位大大提高，生活也相对稳定。因此，刘邦得到戚夫人可能性最大的应当是在汉元年被封汉王之后。

史书的记载佐证了我们的看法。刘邦当了汉王之后得到山东定陶美女戚夫人。定陶，即今山东菏泽市定陶区。戚夫人对吕后来说就是"小三"。但是，这是中国

雍齿雅不欲属沛公，及魏招之，即反为魏守丰。沛公引兵攻丰，不能取。沛公病，还之沛。沛公怨雍齿与丰子弟叛之……项梁益沛公卒五千人，五大夫将十人，沛公还，引兵攻丰。
——《史记·高祖本纪》

及高祖为汉王，得定陶戚姬。
——《史记·吕太后本纪》

古代帝国制度下皇帝的特权，皇帝可以拥有诸多妃嫔。当然，这些妃嫔中的某些妃嫔相当厉害，她们甚至可以得帝王专宠，取皇后而代之。

戚夫人遇到刘邦后深得刘邦的宠爱，刘邦对戚夫人的宠爱究竟到了什么程度呢？

"商山四皓"曾经说过一段话：当下，戚夫人日日夜夜都在侍奉皇上，赵王刘如意常常坐在皇上的腿上。皇上说，无论如何我不能让"不肖子"（指太子刘盈）位于我的"爱子"（指赵王刘如意）之上。这说明由赵王代替太子的意图已经成定局了。

「今戚夫人日夜侍御，赵王如意常抱居前」，上曰：「终不使不肖子居爱子之上」，明乎其代太子位必矣。
——《史记·留侯世家》

戚夫人是"日夜侍御"，其子赵王刘如意是"常抱居前"，刘邦公开扬言"终不使不肖子居爱子之上"。

"不肖子"，不像自己的孩子。"肖"的意思是"像"。今天我们还常用"不肖之子"一词。与"不肖子"相对立的是"爱子"。刘邦称太子刘盈是"不肖子"，表明了对太子的极度不满；称刘如意为"爱子"，显示了对刘如意的极度喜爱。可见，这种亲密关系绝对不一般。

御史大夫周昌一次进宫，正赶上刘邦喝酒，刘邦是一边吃饭，一边拥抱着戚夫人。

昌尝燕时入奏事，高帝方拥戚姬。
——《史记·张丞相列传》

"燕"，就是"宴"，也就是进餐。刘邦挺有激情，一边吃饭一边抱着戚夫人。周昌真没眼色，怎么能在这个时候闯到这种地方汇报工作。

这两条记载，说明刘邦和戚夫人的关系非常亲密。

而且，这两件事都发生在刘邦当了皇帝之后。刘邦本爱美女，当年一个泗水亭长，当然不能满足他的这种要求。做了皇帝后，刘邦身边美女如云，但是，戚夫人却能专宠后宫。

刘邦为什么对戚夫人如此喜爱呢？

年轻、美貌，这是不言而喻的两个因素；但是，在贵为天子的皇宫中可谓美女如云，年轻、美貌者众多。在众多的竞争者之中戚夫人为什么能够胜出呢？

《西京杂记》卷一记载：戚夫人演唱《出塞》《入塞》《望归》等曲子时，数百位侍女都在一旁伴唱，歌声上入云霄。

歌《出塞》《入塞》《望归》之曲。侍婢数百皆习之。后宫齐首高唱，声入云霄。——《西京杂记》

这是戚夫人领唱，数百宫女齐唱，表现了戚夫人的善歌。

戚夫人最擅长跳"翘袖折腰"舞。

"翘袖"，是甩袖，跳长袖舞。"折腰"，是形容舞蹈时细腰婀娜。这是写戚夫人善舞。

夫人善为翘袖折腰之舞。——《西京杂记》

戚夫人擅长弹瑟、击筑。刘邦常常搂着戚夫人，伴着瑟声放歌。唱完后，常常流下泪来。

"瑟""筑"，都是乐器。此写戚夫人善乐器。

因此，与仅有年轻美丽而无才艺的后宫美女相比，戚夫人善歌，善舞，善乐器，因此，她是功夫妃嫔、才艺妃嫔，这是其他妃嫔绝对不能相比的。这是一方面。

另一方面，刘邦本人酷爱楚歌，还会作词，演唱，

高帝戚夫人善鼓瑟击筑。帝常拥夫人倚瑟而歌，毕，每泣下流涟。——《西京杂记》

跳楚舞。汉十二年（前195）十月，刘邦平定了黥布的叛乱，回京途中路经他的家乡沛县，特意留下与家乡父老相聚，并专门挑选了一百二十名家乡青年，亲自教他们唱自己的新作《大风歌》。刘邦自己击筑，自己演唱了起来："大风涌起啊云飞扬，威名远播海内啊归故乡，怎能得到猛士啊守卫四方。"他让精心挑选的一百二十名年轻人和唱。高兴之时，刘邦还亲自跳起了楚舞，并流下了眼泪。

这首歌就是著名的《大风歌》：大风起兮云飞扬，威加海内兮归故乡，安得猛士兮守四方。平叛成功，荣归故里，刘邦高兴，故以楚乐、楚歌、楚舞宣泄内心的喜悦。

一位是年轻貌美的歌唱家、演奏家、舞蹈家，一位是年过六旬，酷爱楚乐、楚舞的政治家、当今皇上。刘邦因戚夫人的才艺更欣赏这位年轻貌美的嫔妃。

家乡欢聚完，刘邦回到京城。因为此次平定黥布叛乱受的箭伤较重，刘邦自知生命不永，便加紧了废长立幼的进程。张良规劝无效，叔孙通以死相争无效。可是，在一次有太子参加的酒宴上，刘邦意外地发现了自己多次请都请不来的"商山四皓"。刘邦大惊，误以为公议不在戚夫人一边，放弃了多年来废长立幼的想法。马上指着"商山四皓"对戚夫人说："我想变更太子，但是，太子已经有了他们四个

十二年，十月，高祖已击布军会甀，布走，令别将追之。高祖还归，过沛，留。置酒沛宫，悉召故人父老子弟纵酒。发沛中儿得百二十人，教之歌。酒酣，高祖击筑，自为歌诗曰："大风起兮云飞扬，威加海内兮归故乡，安得猛士兮守四方。"令儿皆和习之。高祖乃起舞，慷慨伤怀，泣数行下。——《史记·高祖本纪》

人的辅佐，羽翼丰满，已不可动摇了。"

百感交集的刘邦让戚夫人跳起楚舞，自己又唱了一首著名的《鸿鹄歌》，而且，反复唱了多遍。

这是大悲之时，刘邦以楚歌宣泄悲情。

无论是大悲还是大喜之时，刘邦都以楚歌、楚舞表达自己的情怀，可见，刘邦对楚歌、楚舞的痴迷程度。

刘邦会击筑、作词、唱楚歌、跳楚舞，戚夫人恰恰是这方面最优秀的演奏家、作曲家、歌唱家、舞蹈家。戚夫人所擅长的歌舞又是刘邦最喜爱的楚歌、楚舞，二人可谓笙磬同音、珠联璧合：这才是戚夫人深得刘邦宠爱的真正原因。

刘邦与吕后是事业上的伴侣，刘邦与戚夫人是心心相印的伴侣。刘邦把爱情献给了戚夫人，把敬重留给了吕后。

挑战皇后：后果很严重

作为受宠的戚夫人在得到皇帝宠爱的同时，也面临着极为严重的人生选择：

一是恃宠挑战皇后；二是自抑服从皇后。

戚夫人泣，上曰："为我楚舞，吾为若楚歌。"歌曰："鸿鹄高飞，一举千里。羽翮已就，横绝四海。横绝四海，当可奈何。虽有矰缴，尚安所施！"歌数阕。

——《史记·留侯世家》

及燕，置酒，太子侍。四人从太子，年皆八十有余，须眉皓白，衣冠甚伟。上怪之，问曰："彼何为者？"四人前对，各言名姓，曰东园公，用里先生，绮里季，夏黄公。上乃大惊，曰："吾求公数岁，公辟逃我，今公何自从吾儿游乎？"四人皆曰："陛下轻士善骂，臣等义不受辱，故恐而亡匿。窃闻太子为人仁孝，恭敬爱士，天下莫不延颈欲为太子死者，故臣等来耳。"上曰："烦公幸卒调护太子。"四人为寿已毕，趋去。上目送之，召戚夫人指示四人者曰："我欲易之，彼四人辅之，羽翼已成，难动矣。吕后真而主矣。"

——《史记·留侯世家》

皇帝的正妻是皇后，其余嫔妃只是姬妾。在皇宫中，皇后是君，妃嫔是臣，皇后与宠妃的关系是君臣关系，因此，宠妃的地位根本无法和皇后相比。但是，皇后的地位又不是一成不变的，皇后随时随地都面临着其他妃嫔的挑战。

因为，尽管皇后是后宫之主，但是，皇后的位置是由皇帝敕封的，因此，也可以由皇帝撤封，改立其他妃嫔为皇后。汉代皇宫中数立数废皇后之事，并非一帝。

由于皇后的崇高地位对妃嫔来说具有巨大的诱惑，所以，妃嫔得宠后往往试图挑战皇后。一旦成功，自然可以爬上权力的巅峰；一旦失败，将会遭到灭顶之灾。但是，挑战皇后成功所带来的巨大利益，使不少得宠妃嫔都选择了挑战皇后之路。尽管这种选择具有极大的风险，但是，利益的驱动还是使一些嫔妃踏上这条不归之路。

戚夫人最终成为汉代第一位挑战皇后地位的宠妃。

身为皇帝的刘邦认为：太子刘盈为人仁弱，太不像自己的刚毅果决，所以，时时想废掉刘盈的太子身份，立戚夫人的儿子刘如意为太子，原因是刘如意的性格非常像自己。戚夫人此时伴随刘邦到关东作战。戚夫人这个宠妃想取代吕皇后，天天守着皇上哭，想让自己的儿子代替太子刘盈。吕后年老色衰，经常是当"留守太太"，很难见到皇上，她与刘邦的关系也越来越疏远。

这是一段非常重要的记载。

孝惠为人仁弱，高祖以为不类我，常欲废太子，立戚姬子如意，如意类我。戚姬幸，常从上之关东，日夜啼泣，欲立其子代太子。吕后年长，常留守，希见上，益疏。如意立为赵王后，几代太子者数矣。——《史记·吕太后本纪》

第一，皇太子刘盈"不类我"。

当戚夫人日益受到刘邦的宠幸之时，刘邦和吕后的儿子刘盈长大了，但是，刘邦发现，身为太子的刘盈性格软弱，与刘邦刚毅果决的性格差别太大，太不像自己。这是刘邦打算废掉刘盈的一个重要原因。所谓"不类我"，就是前文所说的"不肖子"。"类""肖"，意思相同，都是"像"。

第二，刘如意"类我"。

刘邦认为戚夫人所生的刘如意在性格上与自己非常相似。因此，刘邦废刘盈立刘如意的念头越来越强。

第三，戚夫人得宠挑战皇后。

刘邦与吕后虽为结发夫妻，但是，刘邦与吕后的关系更多地体现为一种政治伙伴关系，而非情侣关系。维系二人关系的纽带是共同维护大汉江山的传承，因此，在杀戮功臣之时他们二人配合得非常默契，他们的关系更多的是一种理智的选择。戚夫人却是经常伴随在刘邦身边的女人，他俩的关系更多是情侣关系。刘邦对戚夫人的喜爱更多地带有爱情色彩，而非政治色彩，他们的关系更多的是一种感情的选择。

第四，吕后失宠。

更重要的是"吕后年长"，常常被刘邦安排"留守"，不能伴随在刘邦身边，很少能见到刘邦。所以，在废立太子一事中，吕后是失宠皇后。虽然吕后在后宫的地位比戚夫人高得多，但是，戚夫人正得宠，吕后正失宠。吕后地位虽高，但是，其地位是由比自己更有权势的皇帝刘邦敕封的。所以，一旦太子易人，吕后的皇后地位也难保。

总之，刘邦易位太子了一事，确有感情因素：一个是得宠的戚夫人，一个是失宠的吕后。但是，刘邦易位太子也有理性因素：皇太子"不类我"，终难以掌控刘邦之后的朝廷政局，导致皇权旁落；刘如意"类我"，有能力掌控朝廷大局，不至于导致皇权旁落。

因此，刘邦的废长立幼是理智和感情双重因素共同作用的结果。

而且，刘邦越近晚年，越是意识到自己生命不永，越是对皇太子的人选问题更为关切。

史书中明确记载刘邦意欲废太子、立赵王时间的仅有两条：

汉十二年，高祖欲以赵王如意易太子。《史记·刘敬叔孙通列传》

汉十二年，上从击破布军归，疾益甚，愈欲易太子。《史记·留侯世家》

刘邦恰恰是在汉十二年因平定黥布叛乱受箭伤后去世的，可见，刘邦临终之前，对易太子之事是下了决心的。因为此时不行废立之事，对刘邦来说，已经没有机会了。

吕后选择了后发制人

刘邦废太子之事引发了两个方面的强烈反响。

第一个做出强烈反应的是朝中大臣。

张良、周昌、叔孙通等朝中大臣都坚决反对废长立幼。

其中，叔孙通于汉十二年（前195）劝阻刘邦废立太子时的一番话最具代表性：太子是天下的根本，根本一动，天下震动。为什么拿天下叔孙通此时的官位是太子太傅，即太子的老师。叔孙通为什么认为太子是"天下本"？因为，太子是储君，是后备君主。一旦开了废长立幼的先例，对整个君主继承制度是一个巨大的破坏。

叔孙通为代表的朝臣们看重的是制度治国，他们认为：一旦制度遭到破坏，后果不堪设想。

张良、周昌等大臣们的反对皆缘于此。

废长立幼历来是国之大忌：皇帝多子，皇权巨大，皇子争夺皇权是必然的。历代皇帝在这一问题上都非常犯难，弟杀兄，子杀父，勾结大臣，交通宦官，制造假象，可以说皇子争当皇帝是无所不用其极。因此，历代帝王、大臣也对此绞尽脑汁，采取对策。在种种对策之中，嫡长子继承制最终胜出。为什么呢？

一是保证国有长君。

二是杜绝皇位之争。

古人常云"国赖长君"，"长君"，是年长之君。"长君"一般阅历丰富，能够处理比较复杂的国事。人非天才，必须有实践，有阅历，"长君"的优势正在于阅历丰富。诸多执政能力是靠时间历练出来的，所以，阅历非常重要。

一个王朝如果能够靠规则、制度行事，而不是靠某个国君的个人好恶行事；这个王朝就会稳定得多。因为，靠规则、制度行事，实际上是按法制办事；仅靠某个国君的个人好恶行事，更多地还有人治色彩。对一个王朝来说，法治显然比人治要更稳定。

当然，嫡长子继承制虽然是祖宗成法，带有一定程度的法制色彩，但是，嫡长子继承制有时也会遭遇尴尬——嫡长子年幼与嫡长子无能。

关于嫡长子年幼的问题我们这里不谈，刘邦遭遇的尴尬是嫡长子无能。

嫡长子继位是硬规则，但是，嫡长子无能却不能更换，这就是刘邦遭遇的尴尬。这种尴尬，其实是封建帝国制度规定的父死子继制的死穴！在帝国早期的政体下，这一死穴根本无法破解。要么承认一个不适合做帝王的嫡长子继位，要么废掉不适合做帝王的嫡长子而另选一个合适的人选，或废昏立明，或废弱立强。但是，这种废掉嫡长子另选继承人的问题又违背了嫡长子继承的规则。

帝国制度下的嫡长子继承制的不合理性在这里得到了充分的体现。但是，相对而言，嫡长子继承制的优点胜过缺陷。因此，嫡长子继位这一规则在历代王朝中最受重视。因为，这一规则的可操作性最强，人为干扰的因素最弱。

历史上废长立幼带来国政混乱的不乏其例。晋惠公听信骊姬之惑，杀太子申生，导致国家混乱三世。三国时刘表废长子刘琦而立幼子刘琮，导致兄弟反目。袁绍废长立幼，导致兄弟相争。曹操在曹丕、曹植之间的艰难抉择导致兄弟相残。到了清代，老皇帝甚至不敢在生前公布太子，只好在"正大光明"匾额后预储遗诏。

另一个做出强烈反应的是与此事关系最大的吕后。刘邦不顾大臣的劝谏，力主废太子刘盈，另立戚夫人之子赵王刘如意，引发了大臣的激烈谏诤,但是,大臣的反对并未让刘邦止步。面对戚夫人的发难,高皇帝刘邦的主意已定,吕后开始非常惊慌,不知道该怎么办。

从"吕后恐,不知所为"七个字可知吕后最初得到这个消息时,非常震惊,不知道如何处置。

吕后"恐"在何处?

一是非常担心儿子的皇帝之位。

二是非常担心自己的皇后之位。

前者是夺嫡,后者是夺夫。因此,戚夫人既是吕后的情敌,又是吕后的政敌。

无论是夺嫡,还是夺夫,都超过了吕后能够容忍的底线。因此,吕后绝对不会坐而等死。宠妃的猖狂让皇后很受伤,后妃之争势在必行。

戚夫人的专宠已经使自己失去了丈夫,但还保留一个皇后之位;刘如意如果被立为太子就意味着儿子失去了皇帝之位,自己也将失去皇后之位。

因此,易位太子是帝位与后位的双重竞争。

但是,此时的吕后经过多年艰苦生活的历练,已经不是尚未出阁时的温顺听话的乖乖女,她早已在磨难中练就了真身。

吕后在短暂的惊恐之后,没有坐以待毙,没有以泪洗面,而是积极应对,维护皇后的利益。她有针对性地做了两点:

上欲废太子,立戚夫人子赵王如意。大臣多谏争,未能得坚决者也。吕后恐,不知所为。——《史记·留侯世家》

一是密切关注。

所谓"密切关注"就是关注事态的发展。《史记·周昌传》记载了有关吕后"跪谢周昌"的故事。周昌是刘邦任泗水亭长时的老部下，跟随刘邦一块儿起兵。他的哥哥周苛还是一位烈士，为守卫荥阳被项羽所杀。周昌坚决反对刘邦废长立幼。

刘邦想废太子刘盈另立戚夫人之子刘如意一事，大臣争执而毫无结果。最终因留侯为吕后设计而中止了废立之事。其中，周昌争得最凶。刘邦问周昌废立太子一事，周昌口吃，说话结结巴巴，但是，他一听刘邦要废长立幼，非常恼火，他说："我的嘴不会说，但是，我认为这件事绝对不可做，陛下即使想废太子，我也绝对不接受这个诏书。"由于周昌口吃加上盛怒，所以，才有"期期知其不可""期期不奉诏"二语。这里的"期期"正是周昌结结巴巴说话的真实状态。本来，周昌之争是在朝堂之上，吕后如果不高度关注废长立幼之事是不可能知道的。但是，吕后却在朝堂"东厢"窃听朝议，竟然听见了后世广为流传的这段谏词。因为废立太子一事关系到她和儿子的身家性命，所以，刘邦在殿中议论废立之事时她就躲在一边偷听。听见周昌激烈的反对，吕后非常感动，所以，周昌下殿的时候，吕后看见周昌，跪谢周昌，并感激地说："今天假如没有您，太子的地位差一点完了。"

及帝欲废太子，而立戚姬子如意为太子，大臣固争之，莫能得；上以留侯策即止。而周昌廷争之强，上问其说，昌为人吃，又盛怒，曰：『臣口不能言，然臣期期知其不可。陛下虽欲废太子，臣期期不奉诏。』上欣然而笑。既罢，吕后侧耳于东厢听，见周昌，跪谢曰：『微君，太子几废。』

——《史记·张丞相列传》

周昌的激烈反对丝毫没有引起刘邦的不满，更没有大怒，而是看着周昌结结巴巴的样子非常可笑。

几乎所有大学中文系的教师讲《史记》的语言特色时都要把周昌这句话作为《史记》用口语入文的一个代表性例证。《世说新语·言语》记载了另外一个非常典型的例子。晋文王司马昭手下有一员大将叫邓艾，邓艾这个人说话也口吃，一说话就是"艾艾"，所以，晋文王故意逗他，你整天说"艾艾"，到底是几个"艾"。邓艾风趣地回答，"凤兮凤兮"，还是一只凤。

邓艾口吃，语称"艾艾"。晋文王戏之曰："卿云'艾艾'，定是几艾？"对曰："凤兮凤兮，故是一凤。"——《世说新语·言语》

西汉的周昌一说话就是"期期"，西晋初年的邓艾说话就"艾艾"，后人把周昌的"期期"和邓艾的"艾艾"，合起来称为"期期艾艾"，形容一个人的口吃。

"跪谢"周昌不仅对吕后来说是唯一的一次，而且，在中国古代史上皇后如此答谢大臣也仅此一例。

可见，吕后对废立太子一事多么重视！

二是求计张良。

此时，有人为吕后设谋，让他找张良。吕后就让他的哥哥吕泽劫持张良，逼着张良献计。因为，刘邦当了皇帝之后，张良一直以身体有病为由，长期病休。所以，很难见到张良，而张良的足智多谋又为吕后所深知。

吕泽一劫持张良，张良就知道吕后要干什么。张良并不愿卷入太子继承这种极度敏感的问题之中，可是张良又是反对刘邦废长立幼的功臣之一。张良肯定不会像周昌一样直言进谏，所以，他对吕泽说："皇上在打仗困难的时候确实能够听我的意见，但是，现在是因为情爱而要废长立幼，这已经不是靠说能了结的事。皇上非常看重'商山四皓'(隐居在商山的四位年长的高士；皓，白，指发白)，却始终请不来，因为他们认为皇上对臣下态度一贯傲慢。如果你们想个办法把'商山四皓'请出来辅佐太子，让他们天天陪着太子，特别上朝之时陪伴太子，皇上一定会看见。皇上知道'商山四皓'辅佐太子，也许会有转机。"

张良此招非常高明。这一招三十六计都没有，这叫什么阴招呢？制造假象。

吕后得到张良这一阴招之后，立即付诸实施。吕后派吕泽让人带了太子的亲笔信，还带了一份厚礼，请"商山四皓"出山，这四位高士竟然全来了，客居在建成侯吕泽的豪宅。

《万首唐人绝句》载有一首无名氏的《戚夫人》诗：

自别汉宫休楚舞，不施妆粉恨君王。

人或谓吕后曰："留侯善画计策，上信用之。"吕后乃使建成侯吕泽劫留侯，曰："君常为上谋臣，今上欲易太子，君安得高枕而卧乎？"留侯曰："始上数在困急之中，幸用臣策。今天下安定，以爱欲易太子，骨肉之间，虽臣等百余人何益。"吕泽强要，曰："为我画计。"留侯曰："此难以口舌争也。顾上有不能致者，天下有四人。四人者年老矣，皆以为上慢侮人，故逃匿山中，义不为汉臣。然上高此四人。今公诚能无爱金玉璧帛，令太子为书，卑辞安车，因使辩士固请，宜来。来，以为客，时时从入朝，令上见之。则必异而问之。问之，上知此四人贤，则一助也。"

——《史记·留侯世家》

于是吕后令吕泽使人奉太子书，卑辞厚礼，迎此四人。四人至，客建成侯所。

——《史记·留侯世家》

无金岂得迎商叟，吕氏何曾畏木强。

这首诗是模仿戚夫人的口吻写的。"强 (jiàng)"，质直刚强，这里指为人耿直的周昌。司马迁《史记·张丞相列传》太史公曰："周昌，木强人也。"

首句说，自从离开汉宫之后就再也没有跳过楚舞，也不再化妆，心中一直怨恨君王刘邦。吕后要是不用重金，怎么请得动"商山四皓"？至于皇上派耿直的周昌辅佐我的儿子，以为这就可以保全赵王刘如意的性命，可吕后什么时候怕过周昌？

此诗值得玩味的是"无金岂得迎商叟"一句。"商山四皓"是以节操著名的隐士，但是，"卑辞厚礼"使"商山四皓"立即来到了太子刘盈的门下。吕后的"厚礼"使"商山四皓"改变了初衷，告别隐居，走向市井。

这就叫："人格不抵厚礼，气节败于金钱。""商山四皓"不过是待价而沽的"高士"。

当然，还有另一层因素。"商山四皓"是因避秦乱而隐居商山的，刘邦称帝后，曾多次盛情相邀，但是，他们始终未肯出山辅佐刘邦。吕后用张良之计，"卑辞厚礼"请来了"四皓"。虽然"厚礼"是少不了的，但是，"卑辞"似乎更为重要。"四皓"看重的恐怕不仅仅是"厚礼"，更看重的是"卑辞"。因为，"卑辞"表达了太子刘盈对"四皓"的尊重。"四皓"拒绝刘邦是因为刘邦对士人的不尊重，太子的"厚礼""卑辞"表现出了对"四皓"的尊重。这恐怕也是"四皓"放下身段的一个缘由。

"四皓"的高招叫藏拙

"商山四皓"到来后，立即为太子刘盈办了一件大事——阻止刘邦让太子率兵平定黥布叛乱计划的实施。

汉十一年 (前196)，淮南王黥布造反。刘邦此时正好有病，所以，刘邦便想让太子亲自带兵去平叛。"四皓"得知这个消息后，认为太子率兵平叛，风险太大。于是，"四皓"要求吕泽立即设法阻止刘邦的这个决定。

"四皓"提出了两条理由：

第一，从利弊看。太子统兵平黥布叛乱，立了功对太子的地位没有任何好处，不立功太子将会因此而受连累。

第二，从成败看。太子统率的是和刘邦一块儿打天下的猛将，这就如同让一只羊去统率一群狼，没有一个人会为太子尽力作战。因此，太子统兵必败。

四皓建议的要害是让太子"藏拙"。刘盈是一位无能的太子，立功的可能性几乎没有。如果能够立功，刘盈统兵出征肯定好处极大，但刘盈实际上根本没有这个能力。四皓不能直说太子无能，因此才诡称太子立功对太子的地位没有任何好处。如果太子真能马到成功，威望大增，废太子的意见肯定难

汉十一年，黥布反。上病，欲使太子将，往击之。四人相谓曰：『凡来者，将以存太子。太子将兵，事危矣。』乃说建成侯曰：『太子将兵，有功则位不益太子；无功还，则从此受祸矣。且太子所与俱诸将，皆尝与上定天下枭将也，今使太子将之，此无异使羊将狼也，皆不肯为尽力，其无功必矣。』——《史记·留侯世家》

以施行，那么，为什么不让太子刘盈借此平台展示一下自己的肌肉，封堵废立太子者的舆论呢？关键还是无能。

吕后得到四皓的指点，立即对刘邦哭诉：

一是对手凶猛。黥布是天下闻名的猛将，非常善于用兵，如果让黥布知道皇上病重，领兵的是一位没有任何经验的太子，黥布的气焰会更加嚣张，这次平叛任务肯定完不成。

二是部下难以统领。跟随太子出征的将军都是随同皇上打天下的猛将，太子统率他们简直就是用羊统率狼群，非常不合适。

三是亲征才能成功。皇上虽然有病，但是，只要皇上抱病安坐在车中，将领们都会十分尽力。

刘邦一听，叹了口气说："我就知道他不是这块料！"于是，刘邦抱病统兵东征，未出征的大臣都亲自送到灞上。虽然刘邦非常失望，但是，"四皓"的计划使太子刘盈避免了一场献丑的灾难。因为，太子刘盈的地位完全取决于刘邦的一念之差；如果太子统兵平叛遭遇失败，对太子肯定是一场大灾难。

"商山四皓"阻止刘盈统兵平叛只是没有让太子出丑，但是，吕后请来"商山四皓"是为了终止刘邦废立太子，这件大事"四皓"是怎么完成的呢？

汉十二年(前195)，刘邦平定黥布叛乱结束，但是，刘

君何不急请吕后承间为上泣言："黥布，天下猛将也，善用兵，今诸将皆陛下故等夷，乃令太子将此属，无异使羊将狼，莫肯为用，且使布闻之，则鼓行而西耳。上虽病，强载辎车，卧而护之，诸将不敢不尽力。上虽苦，为妻子自强。"于是吕泽立夜见吕后，吕后承间为上泣涕而言，如四人意。上曰："吾惟竖子固不足遣，而公自行耳。"于是上自将兵而东，群臣居守，皆送至灞上。

——《史记·留侯世家》

邦也在这次平叛中第二次受到致命箭伤。而且，由箭伤引发的疾病更加严重。此时的刘邦已经预感到自己的生命即将到头，因此，刘邦废立太子的愿望也更加强烈了。张良劝阻无效，托病不再上朝。作为太子太傅的叔孙通以死相谏，刘邦假装听从，实际上废立太子的想法毫无改变。

叔孙通为阻止刘邦废立太子，不但称引历史上晋献公因废太子导致晋国乱政数十年，秦始皇不早定长子扶苏为太子导致赵高诈立胡亥，秦帝国灭亡；而且，明确表示，太子仁孝，吕后功高，陛下一定要废太子，我愿以死明志。刘邦无奈，只好哄叔孙通说，你算了吧，我和你开玩笑呢。叔孙通依然不让步地说："太子是天下的根本，本一动摇，天下都会震动。你怎么能拿天下开玩笑？"刘邦只好说："我听你的。"实际上，这些元老重臣没有一个人说服了刘邦，太子刘盈的地位岌岌可危。

但是，就在刘盈地位万分危急之时，奇迹出现了。究竟什么奇迹一举扭转了刘邦废立太子的计划呢？一次朝宴。

一次朝宴上，高祖刘邦突然发现太子身边出现了四位八十多岁的老人，胡须、眉毛都白了，服装、帽子非常讲究。高祖很奇怪，就问他们：

汉十二年，上从击破布军归，疾益甚，愈欲易太子。留侯谏，不听，因疾不视事。叔孙太傅称说引古今，以死争太子。上详许之，犹欲易之。——《史记·留侯世家》

汉十二年，高祖欲以赵王如意易太子，叔孙通谏上曰："昔者晋献公以骊姬之故废太子，立奚齐，晋国乱者数十年，为天下笑。秦以不早定扶苏，令赵高得以诈立胡亥，自使灭祀，此陛下所亲见。今太子仁孝，天下皆闻之；吕后与陛下攻苦食啖，其可背哉！陛下必欲废适而立少，臣愿先伏诛，以颈血污地。"高帝曰："公罢矣，吾直戏耳。"叔孙通曰："太子天下本，本一摇天下震动，奈何以天下为戏！"高帝曰："吾听公言。"——《史记·刘敬叔孙通列传》

"你们是谁？"四位老人上前回答，并各自报了姓名：东园公、甪里先生、绮里季、夏黄公。

刘邦听后大为吃惊："我请你们多年，你们逃避我。现在为什么要随从我的儿子呢？"四位老人回答："陛下轻视读书人，又爱骂人。我们坚决不愿受辱，所以才逃亡。如今听说太子仁孝恭敬，珍爱天下的读书人，天下人都愿意为太子效死力，所以我们就来了。"

刘邦说："烦请诸位好好替我照顾好太子。"四位老人敬完酒，离去。

刘邦为什么见到"商山四皓"辅佐太子之后要放弃易位太子一事呢？

"商山四皓"的身份是山林之士，年龄是行将就木之人，他们甘心为太子效死力。这让刘邦从"商山四皓"的身上看到了天下的舆论不在戚夫人一边。在公议与私爱的较量中，与其违背天下的公议，不如割舍自己的私爱。所以，刘邦悲歌徘徊，不能取舍。然而，最终决定不再更易太子，"商山四皓"所代表的公议阻止了刘邦废立太子一事。

"商山四皓"真的代表了天下舆论吗？未必。"商山四皓"的出现，他们对太子刘盈的辅佐，只不过是演给刘邦看的一出大戏。只是这出戏演得很成功，让刘邦误以为社会舆论在太子刘盈一边。刘邦下世之后，刘盈继位为惠帝，在位七年，再也没有见到"商山四皓"还有什么表现。如果"商山四皓"真有本事辅佐刘盈，如果"商山四皓"确有治国的才干，为什么从此就消失在历史中了呢？

刘邦是一代英主。他在临终之前为吕后安排了萧何、曹参、王陵与陈平三仟相国，个个都能称职。这说明刘邦的眼很毒，看人极准。惠帝在位七年，仁惠而有德政，但确实无大作为。实践证明刘邦对刘盈的看法是准确的。只是因为赵王刘如意过早被吕后做掉，我们无法知道这位小皇子是否真的像其父刘邦赞许的那样有作为。如果我们仅仅以为刘邦是因为喜爱戚夫人而要废立太子，那也未免太看轻了大汉帝国的开国皇帝刘邦。刘邦还不至于因情爱而拿帝位开玩笑。毕竟，刘邦希望汉帝国能够长治久安。

在废立太子的过程中，戚夫人本来占有很大的优势，因为刘邦是站在戚夫人这边的，而且，刘邦废立太子的意志很坚决，多少人反对他都不管；那么，戚夫人为什么会失败呢？戚夫人的失败蕴藏着什么灾难呢？

请看：废立之祸。

在废立太子的过程中，刘邦是站在戚夫人这边的，而且，刘邦废立太子的意志很坚决；那么，戚夫人为什么还会失败呢？戚夫人到底败在哪里呢？刘邦谢世之后，吕太后会怎么对待她的情敌兼政敌戚夫人呢？

五

废立之祸

结果从来都是几种力量角逐出来的

在刘邦废立太子的事件之中，最为关键的是三个人，即戚夫人、刘邦和吕后。刘邦废立太子的愿望之所以最终失败，其实是这三个人相互角力的结果。要谈论刘邦废立太子之事，离不开对这三个人的讨论。

概括起来，对这三个人可以这样评价：戚姬无所作为，刘邦难辞其咎，吕后应对得力。

我们先看戚夫人的无所作为。

一是能力极弱。

戚夫人在决定挑战皇后之位时，严重低估了吕后的能量，也严重高估了自己的能量。

戚夫人最大的本事是利用刘邦对她的宠爱摆平刘邦，再利用刘邦去摆平朝臣，实现其皇后之梦。也就是说，戚夫人是通过征服男人，再利用男人去征服世界的女人。但是，戚夫人自身的能力非常弱，她除了向刘邦哭诉，争取刘邦的支持，别无良策，也没有任何作为。戚夫人挑战吕后的皇后之位，应当说吕后很生气，问题很严重。

二是阻力很大。

废立太子本是皇家的私事，但是，一旦立了太子，太子又没有大恶，废太子就很难被朝臣接受。因为太子是国之根本，废太子就是动摇国之根本。因此，废太子的阻力之大是刘邦和戚夫人始料不及的。而且刘邦是废嫡立少，这就更加难被朝中大臣接受。

太子太傅叔孙通的劝谏最能证明朝臣的意向：

皇上一定要废嫡立庶，废长立幼，我愿意先死在前面。

叔孙通是位儒生，他维护的是儒家立嫡立长的成制。尽管此时儒家思想尚未成为汉朝的主导思想，但是，从叔孙通的逐步受到信任可以看出儒家传统的影响还蛮强大。

三是没有妻党。

戚夫人不是刘邦的患难夫妻，她在刘邦集团中没有妻党，与其他重要朝臣没有任何来往，没有自己一派的政治势力。政治斗争从来都是党派之争，或者叫作派系之争，戚夫人以一己之力和整个功臣集团、整个吕氏集团斗争，失败是必然的。

我们不妨拿戚夫人与武则天做一比较。

武则天上位之时，既没有皇后高贵的血统，又没有朝臣帮的支持。她怎么成功上位了呢？一是陷害王皇后，而且是自己掐死自己的女儿，再以此陷害王皇后，从而激怒唐高宗，将王皇后打入冷宫，再除掉王皇后。二是在朝臣中寻找同伙。一旦找到就大力提拔，迅速培养起属于自己的一派势力。三是利用自己的一派势力，诬陷宰相长孙无忌，将其排挤出朝，再逼其自裁。武则天的这一套极其阴险、残忍的做法戚夫人绝对做不出来。最终，武则天能"废王立武"，登上皇后的宝座。

再看刘邦的难辞其咎。

一是立储过早。

汉二年（前205），刘邦刚刚当上汉王，在仅有两个儿子时，过早地立刘盈为太子，导致他发现储君刘盈不合适再行废立已为时过晚。如果他在有了八个儿子之后再立储君，一定比他在两个儿子中选择太子要准确得多。

二是虑事不周。

刘邦过高地估计了自己废立太子时对局面的控制，他没有料到废立太子的阻力如此之大。刘邦尽管是刘氏集团的总裁，但是，废立太子一事正如前文所讲，吕后很生气，问题很严重。刘邦显然低估了这个问题的严重性。他在废立太子没有绝对把握时公开了自己的想法。这等于向戚夫人发出了错误的信号，诱使戚夫人恃宠挑战皇后；同时，也向吕后发出了信号，逼迫吕后立即采取种种措施应对。

三是优柔寡断。

废立太子虽然阻力很大，但是，历史上的帝王废立太子一事并不乏成功者。汉景帝废栗太子改立汉武帝刘彻，汉武帝废戾太子立幼子刘弗陵，都做得干脆利落，不留悬念。虽然，武帝废戾太子引发了一场大流血，但是，汉武帝手腕极硬，不惜一切代价，最终仍然获得成功。

皇家立后废后、立太子废太子，虽为家事，但牵系国家，往往招致非议。但是，皇家自有自己一套理论：废立太子与废立皇后不是国之大事，而是自家的家事。梁高祖萧衍逼迫齐和帝禅位于自己，南齐大臣颜见远为表示抗议，绝食数日而亡。萧衍听后说："我继位是天命所归，干天下士大夫何事？颜见远竟然绝食而死，这是何苦呢？"

梁武帝萧衍的这段话极具代表性。它集中表达了身为帝王的萧衍对皇帝易人的基本看法：这是皇帝的家事，丝毫

高祖受禅，见远乃不食，发愤数日而卒。高祖闻之曰：『我自应天从人，何预天下士大夫事？而颜见远乃至于此也。』——《梁书·颜协传》

不干天下士大夫的事。换句话说，老板换谁不干员工的事，该干吗干吗呗。宋、齐、梁、陈四继的南朝时期，朝代更迭频繁，大臣们往往历侍数代国君，所以，皇帝谁当都无所谓，只要当好自己的差就行。所以，甭说废立太子、废立皇后，就连废立皇帝都只是皇家自家的事，与士大夫毫不相干。梁武帝说得理直气壮，至少说明梁武帝讲的是当时许多人的共识！如果依着梁武帝，大臣们的意见只是出口气，根本不予理睬。

刘邦呢？朝臣反对，吕后反对，刘邦都在所不惜，但是，区区"商山四皓"却使他改变了初衷，后人对此大多不理解。甚至有人提出，杀了"四皓"又有何妨？

刘邦是戚夫人挑战皇后地位唯一的也是最大的政治资本和靠山。刘邦的优柔寡断，面对阻力改变初衷，终使戚夫人一败涂地，而且留下了无穷后患。

最后讲吕后的应对得力。

没有刘邦支持的吕后为什么能在废立太子一事上取得胜利呢？

吕后在听到刘邦提出废立太子之初，的确曾经恐慌过，但是，吕后并不是一个完全依靠男人征服世界的女人，这是她和戚夫人最大的不同；她在废立太子事件中做出了重大努力。

一是借力打力。

吕后巧妙地利用了三种力量为自己服务：

其一是朝臣反对"废立太子"的力量。

其二是"商山四皓"代表的舆论力量。

其三是刘邦对她"信任"的力量。

刘邦在决定终止废立太子一事时，绝对想不到吕后将来会残杀戚夫人和赵王刘如意；从这个意义上讲，刘邦并不完全了解吕后，特别是不了解掌握了皇权之后的吕太后会多么霸道、残忍！

吕后巧妙地借用了这三种力量为自己争夺选票，而且做得非常成功。

二是妻党势力。

吕后为刘邦及刘邦一家做出过重大牺牲，她的两个哥哥吕泽、吕释之都立有军功，并封为侯。在吕后与戚夫人较量的过程中，吕后的妻党做了大量工作。劫持张良献计的是吕泽，"卑辞安车"请"商山四皓"的也是吕泽。

戚夫人是单枪匹马，吕后却有着强大的后盾。

吕后靠手腕保住了刘盈的太子之位，是不是就说明刘邦废太子本身就是错误的呢？刘盈和刘如意哪一个更适合当太子呢？

刘邦对太子刘盈是否看走了眼呢？

太子刘盈的确懦弱无能，无法驾驭朝政。由于赵王刘如意过早被杀，我们无法证实刘如意是否为一代明君。但是，如果我们相信刘邦能够识别韩信、张良的慧眼并未因戚夫人与吕后的争宠出错；那么，我们就应当相信刘邦对自己两个亲生儿子的判断并没有错；因此，刘邦的废立太子实际上是废弱立强。惠帝的懦弱使他在帝王之位上难有大的作为，刘邦立刘如意为太子的一个重要原因是希望储君强大。

但是，刘邦的废立太子，有一个特殊的背景：年轻貌美的戚夫人得宠和患难之妻吕后失宠。因此，刘邦所行的废立很容易被人看作是为私情，而不是出于公心。

我们不能完全排除刘邦废立太子的私情因素；但是，刘盈、刘如意都是他的亲生儿子，以他开国君主的英明，他考虑更多的应当是执政能力。

可是，两种社会舆论严重捆绑了刘邦的手脚。

其一是反对先立后废的舆论。

其二是反对因宠妃而立其子的舆论。

这两种社会舆论使刘邦在处理帝位继承人的问题上不可能放开手脚。

刘邦在反秦、灭项的军事斗争中虽然历经风浪，但是，最终都获得了成功。可是，刘邦在家庭内部两个女人、两人儿子的取舍问题上却显得左右摇摆，优柔寡断。向左是刘盈，向右是刘如意，结果是左右为难。

护犊不是件简单的事

刘邦一旦中止废立太子，立刻使戚夫人和爱子刘如意陷入极其危险的境地。因为废立太子一事是不能轻易讲出去的，一旦讲出来就必须确保成功。否则，"大奶"(皇后)和"二奶"(妃嫔)之间的死怨已结，废立之事又没有办成。失败者的生存怎么办？特别是失败者如果是"二奶"(妃嫔)而不是"大奶"(皇后)，那就更危险了。刘邦能够保证中止废立之后戚夫人和爱子刘如意在自己百年之后的生命安全吗？他为此做了点什么呢？

第一，周昌相赵。

刘邦一句话就中止了废立太子之事，但是，这件事已经使吕后和戚夫人成为生死冤家，情敌加政敌。刘邦年老伤重，特别是荥阳之战和晚年的平定黥布之战让刘邦受了两次致命的箭伤，更使得刘邦的健康雪上加霜。

所以，废立太子之事中止之后，刘邦便陷入了一场巨大的隐忧之中：戚夫人和爱子刘如意的安全怎么办？吕后的残忍在诛杀韩信、彭越之时已经表现得很充分了，而戚夫人只是一个弱女子，现在因为自己主张废立太子，让吕后和戚夫人结下了血海深仇，苦大仇深的吕后能在自己去世之后不报复戚夫人吗？能不报复爱子刘如意吗？

刘邦这时候才知道自己的冒失给爱妃和爱子酿成了多么大的灾难！沉浸在巨大隐忧之中的刘邦闷闷不乐地唱起了楚歌，大臣们不了解情况，都不知道如何化解刘邦心中的隐忧。

但是，此时却有一个年轻的符玺御史（管符玺的御史）赵尧猜中了刘邦的心事。

刘邦中止了废立太子一事后，赵尧敏锐地发现：皇上心中闷闷不乐，一个人常常唱着凄凉的歌曲，所有的大臣都不知道皇上为什么成了这个样子。

赵尧于是问皇上："陛下心中不快的莫非是赵王年龄太小，戚夫人和吕后有矛盾，一旦皇上万岁之后，赵王不能自保吗？"刘邦回答："是啊！我心里忧虑的正是这件事，但是，我不知道该怎么办。"

赵尧说："皇上应当为赵王安排一个强劲有力的国相，这个人一定是吕后、太子、大臣们平素所畏惧之人。"刘邦说："我也这样想，但是，群臣中谁可以担当这个重任呢？"

赵尧回答："御史大夫周昌是一个刚强正直的人，从吕后、太子到大臣平素都很畏惧他，因此，只有周昌可以担此重任。"

刘邦马上召见周昌，对他说："我想烦请你一件事，请你担任赵国的国相。"周昌一听，马上哭了："我从陛下起兵那天起就一直追随左右，为什么半道非要我去一个诸侯国呢？"

刘邦说："我知道这个职务对你来说是贬职，但是，除了你没有一个人可以胜任这一重任啊。"周昌不说话了，他知道这个国相不好当。

于是，刘邦便任命周昌做了赵国的国相。

"周昌相赵"是刘邦保护赵王刘如意的重要一环。

刘邦为什么非要一位中央政府的御史大夫去担任一个诸侯国的国相呢？

其一，周昌是沛县集团的中坚力量之一，值得信赖。

周昌是刘邦任泗水亭长时的同事，而且，周昌的堂兄周苛还是汉王的烈士，当年因坚守荥阳战死。周昌自刘邦起兵就一直追随刘邦，是刘邦集团的中坚力量之一。

其二，周昌是一位直臣，能够不辱使命。

赵尧年少，为符玺御史。……居顷之，赵尧侍高祖。高祖独心不乐，悲歌，群臣不知上之所以然。赵尧进请问曰："陛下所为不乐，非为赵王年少而戚夫人与吕后有邰邪？备万岁之后，而赵王不能自全乎？"高祖曰："然。吾私忧之，不知所出。"尧曰："陛下独宜为赵王置贵强相，及吕后、太子、群臣素所敬惮乃可。"高祖曰："然。吾念之欲如是，而群臣谁可者？"尧曰："御史大夫周昌，其人坚忍质直，且自吕后、太子及大臣皆素敬惮之，独昌可。"高祖曰："善。"于是乃召周昌，谓曰："吾欲固烦公，公强为我相赵王。"周昌泣曰："臣初起从陛下，陛下独奈何中道而弃之于诸侯乎？"高祖曰："吾极知其左迁，然吾私忧赵王，念非公无可者。公不得已强行！"于是徙御史大夫周昌为赵相。

——《史记·张丞相列传》

周昌因反对废长立幼说了"臣期期知其不可""臣期期不奉诏"而名闻朝中。周昌在保护太子刘盈时敢于直言，深受刘邦嘉许，视为直臣。

其三，周昌有恩于吕后。

吕后为周昌力谏废立而"跪谢"周昌，因此，周昌可以说是吕后、太子的双重恩人；所以，刘邦断定吕后不会为难周昌。

从"周昌相赵"可以看出：刘邦对赵王刘如意的保护显然大大胜过对戚夫人的保护。

应当说，此时的刘邦已经意识到自己支持戚夫人行废立之事是一大错，但是，刘邦只是将废立太子简单地改为保护赵王刘如意，他并没有任何措施反制吕后有可能对戚夫人施加的迫害。如果他真想这么做的话，他并非毫无作为。比如说他可以颁布一个诏书，比如说他可以为戚夫人预留一个诏书。

如果我们对比一下"白马盟誓"就会发现，刘邦对戚夫人的保护，并不是不能作为，而是缺少作为。刘邦为了使他打下的江山世世代代传给他的子孙，他和所有功臣杀白马，歃血盟誓：不是刘姓皇族的人不能封为王，没有立功的人不能封侯，任何人违犯这两条都可以天下共诛之。刘邦的这一手很灵。刘邦下世后，吕后独揽皇权，但却不敢称帝。吕后封吕姓为侯也大费了周折。可见，只要刘邦真的动心思保护一个制度、一个人，一定

高皇帝约：『非刘氏不得王，非有功不得侯。不如约，天下共击之。』——《史记·绛侯周勃世家》

可以做得更好。但是，刘邦在点燃了戚夫人的权力欲之后，在他轻许戚夫人挑战吕后之后，却不采取任何强硬措施保护戚夫人。

第二，立斩樊哙。

高祖十二年（前195），刘邦在平定黥布叛乱时受了严重箭伤，回到长安。燕王卢绾反叛，刘邦派樊哙以相国的身份率兵平叛。樊哙出征后，有人讨厌樊哙的老婆吕媭是吕后的妹妹，认为樊哙是吕氏党羽，告诉病中的刘邦，说樊哙想率兵诛杀戚夫人、赵王刘如意。

弥留之际的刘邦突然听说樊哙要在自己百年之后带兵诛杀戚夫人和赵王刘如意，即刻勃然大怒，立即派陈平带领大将周勃前往前线，并要求陈平到了军中，立即将樊哙斩首。

陈平、周勃担心刘邦杀樊哙只是一怒之下的决定，加上刘邦病危，吕后的地位陡然上升，樊哙又是吕后的妹夫，立有众多军功；因此，陈平、周勃商量之后，并未执行刘邦"平至军中即斩哙头"的皇命。只是将樊哙带回来，让刘邦自己处理。但是，还没有等陈平回来交命，刘邦已经下世，吕后接管政权，樊哙之事自然化险为夷。

高帝从破布军还，病创，徐行至长安。燕王卢绾反，上使樊哙以相国将兵攻之。既行，人有短恶哙者。高帝怒曰："哙见吾病，乃冀我死也。"用陈平谋而召绛侯周勃受诏床下，曰："陈平亟驰传载勃代哙将，平至军中即斩哙头。"二人既受诏，驰传未至军，行计之曰："樊哙，帝之故人也，功多，且又乃吕后弟吕媭之夫，有亲且贵。帝以忿怒故，欲斩之，则恐后悔。宁囚而致上，上自诛之。"未至军，为坛，以节召樊哙。哙受诏，即反接载槛车，传诣长安。

——《史记·陈丞相世家》

其后卢绾反，高帝使哙以相国击燕。是时高帝病甚，人有恶哙党于吕氏，即上一日宫车晏驾，则哙欲以兵尽诛灭戚氏、赵王如意之属。高帝闻之大怒，乃使陈平载绛侯代将，而即军中斩哙。陈平畏吕后，执哙诣长安。至则高祖已崩，吕后释哙，使复爵邑。

——《史记·樊郦滕灌列传》

陈平、周勃如何处理樊哙是 回事，刘邦下令立斩樊哙是另一回事，我们要讨论的恰恰是刘邦为什么仅凭一面之词就要杀樊哙。

樊哙是功臣加亲贵，刘邦尚且毫不手软，听到一面之词就立即下令处死樊哙。可见，刘邦对戚夫人和刘如意的生命安全是何等重视！

我们从"周昌相赵"和"立斩樊哙"两例中可以看出，刘邦在废立太子 (进攻) 失败之后，对戚夫人，特别是对赵王刘如意是加强了防护 (防守)。

刘邦对赵王刘如意和戚夫人的保护到位了吗？

以我看来，刘邦对赵王刘如意和戚夫人的保护都远远未到位；他完全可以做得更好一点，力避后妃相残，力避爱子被杀。

皇后的手段太"酷"

高祖十二年 (前195)，刘邦带着自己的万般无奈离开了人世，太子刘盈顺利继位，是为汉惠帝，吕后由皇后升为皇太后。

刘邦下世以后，戚夫人的命运会如何呢？吕后会怎么对待她呢？

吕后在刘邦去世、惠帝即位的当年，立即将戚夫人囚禁起来，剃去她的头发，颈束铁圈，穿上囚犯的囚衣，在"永巷"舂米。

"永巷"是宫中的官署，掌管后宫人事，可以监禁宫人；"髡 (kūn) 钳"，是古代一种刑罚，剃去头发，颈束铁圈。"衣赭 (zhě) 衣"，是穿上囚衣。

吕后对戚夫人这种处罚是何意思？

从吕后杀韩信、彭越一步到位、直奔主题的作风来看，如果吕后要处死戚夫人，大可不必费此周折。她这样做，一是想出一出憋在心中十年的窝囊气；二是要让戚夫人尝一尝生不如死的滋味。唯一值得庆幸的是，吕后此时还没有将魔爪伸向赵王刘如意。

面对秋后算账的迫害，戚夫人此时怎么办呢？

昔日掌上明珠，今日阶下囚徒，戚夫人心中满怀悲愤，又无可奈何。

能歌善舞的戚夫人创作了一首在中国文学史上非常有名的《春歌》(或叫《戚夫人歌》)：

儿子为王，母亲为奴，整天春米，常常与死亡相伴。我与儿子相距千里，应当让谁去告诉你呢！

从感情上讲，戚夫人这首歌真实地反映了她遭受的非人待遇，非常值得同情。刘邦在世之日，戚夫人虽然立儿子为太子失败了，但是，她一直陪侍刘邦，深得刘邦宠幸。刘邦一旦撒手人寰，戚夫人即被打入囚房，过着囚徒生活。如此大的反差，对于能歌善舞的戚夫人，用歌声表达一下自己遭受的不幸，何罪之有？

从理智上讲，戚夫人当年非常不明智地选择了与吕后进行储君之争，已经为今天的痛苦种下了祸根；今天再唱此歌，试图让"为王"的儿子了解自己、解救自

乃令永巷囚戚夫人，髡钳，衣赭衣，令春。——《汉书·外戚传》

子为王，母为虏，终日春薄暮，常与死为伍。相离三千里，当谁使告女！——《汉书·外戚传》

己，能达到目的吗？会不会进一步激怒吕后呢？

果然，吕后得知戚夫人唱《春歌》一事后，勃然大怒，说："你想依靠你当王的儿子吗？"她立即下令召赵王刘如意进京，加以杀害。

吕后在刘邦驾崩之前，从来就没有"大怒"过。即使是刘邦坚持废长立幼，吕后心中非常恼怒，也从未有过"大怒"。吕后绝不是一个没有脾气的人，只是刘邦在世之日，吕后非常善于克制自己内心的愤怒。

刘邦去世之后，自己的儿子当了皇帝，此时的吕后已经不需要再克制自己内心的感受，一听到戚夫人的《春歌》，她立即勃然大怒，并想到戚夫人企图倚仗自己做赵王的儿子，这等于提醒吕后：解决戚夫人的问题还关联到她的儿子赵王刘如意。于是，吕后将罪恶之手伸向年幼的赵王刘如意——调赵王进京。

但是，吕后能够顺利地调赵王进京吗？

首先是赵相周昌不让赵王进京。

周昌为什么不让赵王进京呢？因为他在完成刘邦的重托，所以，周昌说赵王有病，不能成行。吕后多次派使者到赵国，都未能让赵王进京。

吕后得知周昌阻拦赵王进京会做出什么反应呢？

吕后大怒，改调赵相周昌进京。周昌进京面见吕后，吕后破口大骂："你不知道我恨戚夫人母子吗？你为什么不让赵王进京？"

周昌进京之后，吕后再调赵王刘如意进京，刘如意进京。

为什么敢于不奉刘邦诏书的周昌到京后不敢再顶撞吕后呢？

一是周昌作为臣子在专制君主政体中根本无法左右代表君权的吕后。

二是周昌知道：顶撞吕后和顶撞刘邦的结果不一样——刘邦决不会因为顶撞他而杀掉自己，反而可以因为顶撞刘邦获得一个直臣之名；顶撞吕后不但不会获得直臣之名，而且一定会招致杀身之祸。

所以，在吕后谋杀赵王刘如意的时候，他开始顶着吕后的旨意不让赵王刘如意进京，但是，一旦吕后调他进京，他马上就服从了。周昌是一位直臣，但他更是一个懂得帝国制度的直臣。帝国制度的政治生态环境决定了君臣关系是主仆关系。作为臣子，何时能够尽职尽责劝谏帝王，其实只取决于帝王的宽容与狭隘，理性与感性。这是帝王专权的帝国制度决定的。与制度能否自我完善并无关系。刘邦宽容而理性，吕后狭隘而感性。刘邦能从大局看问题，吕后只从个人利害看问题。由此，决定了周昌在刘邦面前可以拼死相谏，在吕后面前只能屈从帝王淫威。

周昌进京后，赵王也进京了，而且死了。吕后并没有更多地为难周昌，因为周昌毕竟是当年顶撞刘

使者三反，赵相周昌不遣。太后召赵相，相征至长安。使人复召赵王，王来。

——《汉书·外戚传》

高祖崩，吕太后使使召赵王，其相周昌令王称疾不行。使者三反，周昌固为不遣赵王。于是高后患之，乃使使召周昌。周昌至，谒高后，高后怒而骂周昌曰：『尔不知我之怨戚氏乎？而不遣赵王，何？』昌既征，高后使使召赵王，赵王果来。至长安月余，饮药而死。周昌因谢病不朝，三岁而死。

——《史记·张丞相列传》

邦保护太子刘盈的重臣，是吕后当年亲自跪谢的大臣。

刘邦知道周昌无力保护赵王刘如意吗？

刘邦不知道。刘邦满心指望一个直臣周昌可以保全爱子刘如意的性命，但是，刘邦忽略了非常重要的一点：吕后是君，周昌是臣。作为臣子的周昌怎么能够对抗得了作为君主的吕后呢？因此，周昌根本无法保护刘如意。

其次是惠帝刘盈保护赵王。

汉惠帝刘盈知道他的母亲因怒而召赵王，为了保护赵王，赵王刘如意进京时惠帝亲自去接，而且将进京的刘如意安排在自己的皇宫内，由自己保护起来，起居饮食都和自己在一起。

吕后得知惠帝在保护赵王，便暗中窥测机会。

汉惠帝元年 (前194) 十二月，吕后利用惠帝外出打猎而年幼的刘如意因未起床没有跟随惠帝一块儿出城这个机会，立即派人强行用毒药毒死了刘如意。同时，吕后派人延宕惠帝回宫的时间，惠帝回宫，赵王刘如意已经亡故。

除掉赵王刘如意之后，吕后怎样对待戚夫人呢？

吕后将戚夫人的四肢全部剁掉，挖去眼睛，弄聋耳朵，强迫她喝哑药成为哑巴，称之为"人彘 (zhì)"，放在厕所中，还让惠帝来看。惠帝得知眼前这个人就是年轻貌美、能歌善舞的戚夫人后，吓得大哭一场，病了一年

惠帝慈仁，知太后怒，自迎赵王霸上。入宫，挟与起居饮食数月。帝晨出射，赵王不能蚤起，太后伺其独居，使人持鸩饮之。迟帝还，赵王死。——《汉书·外戚传》

多，不能理政。惠帝对太后说："这不是人干的事儿。我作为太后的儿子，母亲如此残暴，我怎么能再治理天下呢。"戚夫人从此在史书中再无记载。消灭一个不是威胁的威胁，创造一个不是胜利的胜利，吕后赢得了什么呢？

从此惠帝整天喝酒，追求声色麻醉。

七年以后，惠帝去世，年仅二十三岁。

惠帝确实仁弱，但是，惠帝不乏同情心。他作为天子也许不够称职，但他却能平等地对待自己的兄弟，尽其所能地保护年幼的弟弟。较之残忍的吕后，惠帝至少是个正常的人！

吕后对戚夫人的夺夫、夺位之恨，是人之常情；但是，吕后以如此惨无人道的手法虐待夺位失败的戚夫人，让人发指。

吕后的气确实出足了，出够了，但是，吕后也为此付出了千秋骂名的代价。小人物怕政府，大人物怕历史。吕后因为自己的残暴被永远钉在了历史的耻辱柱上！

惠帝去世的次年（高后元年，前187），吕太后听说御史大夫赵尧当年向刘邦推荐周昌出任赵国国相以保护赵王刘如意，于是又惩罚赵尧，撤了他的御史大夫之职。可见，即使戚夫人、刘如意死后，吕后对戚夫人、刘如意的恨仍然没有完全消除。连向刘邦举荐

太后遂断戚夫人手足，去眼熏耳，饮瘖药，使居鞠域中，名曰"人彘"。居数月，乃召惠帝视"人彘"。帝视而问，知其戚夫人，乃大哭，因病，岁余不能起。使人请太后，曰："此非人所为。臣为太后子，终不能复治天下！"

——《汉书·外戚传》

以此日饮为淫乐，不听政，七年而崩。

——《汉书·外戚传》

高后闻御史大夫江邑侯赵尧高祖时定赵王如意之画，乃抵尧罪，以广阿侯任敖为御史大夫。

——《史记·张丞相列传》

周昌担任赵国国相的御史人大赵尧也没有放过，她撤了赵尧的职，任命任敖为御史大夫。任敖就是当年吕后替刘邦入狱时救过吕后的恩公。

赵王刘如意死后三年，周昌郁郁寡欢而死。至此，赵王刘如意、戚夫人、周昌相继死去，赵尧被免职。废立之争画上了句号。

可悲之人必有可恨之处

戚夫人的一生是个悲剧，究竟谁制造了戚夫人的人生悲剧呢？

一是"商山四皓"。

宋代李觏 (gòu)《盱江集》卷三十六《戚夫人》诗曰：

> 百子池头一曲春，君恩和泪落埃尘。
>
> 当时应恨秦皇帝，不杀南山皓首人。

李觏在这首诗中说："当年百子池边的春光已经不在，只恨当年的秦始皇，为什么没有杀死隐居商山的四个老人 (商山四皓)。"此诗认为：戚夫人的悲剧是"商山四皓"造成的。

《西京杂记》记载："戚夫人侍儿贾佩兰云：在宫时见戚夫人侍高祖，至七月七日，临百子池，作于滇乐。乐毕，以五色缕相羁，谓之'相连爱'。"

当年戚夫人和刘邦每年七月七日，都要驾临百子池，用五色线相连，叫作"相连爱"。

　　二是推荐"商山四皓"的张良。

　　如果说"商山四皓"的出现最终阻止了刘邦废立太子的计划，导致戚夫人惨死，那么，推荐"商山四皓"的张良是否也有责任呢？

　　三是戚夫人咎由自取。

　　戚夫人当年受宠的同时也面临着两种选择：一是恃宠挑战皇后，二是自抑服从皇后。

　　戚夫人选择前者挑战吕雉的皇后之位、让爱子刘如意挑战刘盈的太子之位导致自己的悲剧结局。可见，可悲之人必有可恨之处。

　　四是刘邦的江山、美人之争。

　　"商山四皓"的出现，使刘邦也面临着江山、美人的两难抉择。

　　当年西楚霸王面临江山、美人的两难选择时只能舍美人而选江山。如今刘邦在江山、美人的两难抉择中可以说是毫无悬念地选择了江山而没有选择美人。尽管西楚霸王与汉高祖同样是既爱江山又爱美人，但是，在江山与美人不能兼得之时，他们注定只能选择江山而不能选择美人。

　　为什么呢？

　　因为，无论是项羽，还是刘邦，都是握有实权的政治人物。政治人物如果不能确保自己的政治地位，任何美人对他们都没有意义。失去了权力，也就失去了一切。保证自己不失去政治权力是政治人物一生中处理一切问题的最高原则。因此，在政治权力与其感情生活发生矛盾之时，他们只能选择政治权力。这是虞姬的悲剧，也是戚夫人的悲剧，更是一切介入政治人物感情生活女人的悲剧。

　　尽管她们一个是失败了的项羽的爱妾，一个是胜利了的刘邦的宠妃，但是，她们有一个共同点：她们所爱的男人都是政治人物。

因此，无论是胜利者，或者是失败者，在江山、美人之争中都只能选择江山！

清代诗人田雯《咏古》一诗就从这一角度咏叹了虞姬和戚姬同样的命运：

谁教玉体两横陈，粉黛香消马上尘。

刘项看来称敌手，虞夫人后戚夫人。

《古欢堂集》卷十五

首句写虞姬、戚姬之美。"玉体"指虞美人和戚夫人，"两横陈"，指两位美人楚楚动人的卧姿。第二句写美人之死。

田雯此诗后两句说，谁让两位绝代佳人相继惨死呢？刘邦和项羽。因为虞美人死后不久，紧接着戚夫人也死去。作者不无讽刺地说，刘邦与项羽真是对手啊！两个人所钟爱的美人都不得善终。

此诗讽刺刘邦能够灭项，却不能保护他所爱的女人。他所宠爱的戚夫人竟然和项羽宠爱的虞夫人面临同样悲剧的下场。

严格来讲，虞姬比戚姬头脑更清醒，也更果断。虞姬果断自决，戚姬浑浑噩噩，盲目争夺储君之位，失败后也只会哭泣，毫无自全之术，最终受辱而亡。

虞姬虽然和戚姬同为悲剧，但是，虞姬保持了人格的尊严。戚姬尊严尽失，也未能苟活于世。

为了发泄一己之恨，吕后惨杀了戚夫人，但同时也害死了自己的亲儿子。这是吕后始料不及的。

惠帝的崩逝，使吕后通过惠帝掌握朝政的愿望完全落空，那么，手握大权的吕后将怎样继续掌控朝政呢？

请看：女主称制。

女主称制

六

为了发泄自己的愤恨，吕后惨杀了戚夫人，还想在儿子面前炫耀一番，结果，事与愿违，这场炫耀竟意外地害死了自己的亲儿子。真是莫大的讽刺！举头三尺有神灵，这就是吕后残杀戚夫人的代价！惠帝的去世，使吕后通过惠帝掌握朝政的愿望完全落空，而且在人生的最后阶段成了"失独族"。那么，手握大权的吕后将怎样在儿子去世的情况下继续控制朝政呢？

从后台跳到前台

高祖十二年 (前195) 四月，多次在战争中受箭伤的刘邦谢世，享年六十二岁。当年五月，刘邦的嫡长子十七岁的刘盈即位，他就是汉惠帝。

吕后当上了大权在握的皇太后，不再是刘邦可以随意废立的皇后。这对吕后来说，可谓是人生第一次挺直了腰杆。多年的忍辱负重总算熬出了头！吕后第一次感到自己成为大汉王朝真正的主人了。

身为皇太后的吕雉，为了保持吕氏家族的地位，竟然将自己的亲外孙女——惠帝的亲姐姐鲁元公主的女儿张嫣嫁给了自己的亲儿子惠帝。吕后操办的这桩婚姻等于让身为舅舅的汉惠帝娶了自己的亲外甥女，但是，惠帝和皇后张嫣竟然无子。吕后想尽了一切办法，还是无效。

孝惠张皇后，宣平侯敖尚帝姊鲁元公主，有女。惠帝即位，吕太后欲为重亲，以公主女配帝为皇后，欲其生子。万方终无子。——《汉书·外戚传》

这是为什么呢？是不是惠帝有病呢？事实是惠帝与后宫宫女生了五个儿子。这只能表明汉惠帝软弱，不敢反抗母命，但又实在不满意这桩婚事，导致惠帝不可能临幸张嫣，皇后张嫣终无子，但是惠帝的生育能力丝毫没有问题。

吕后的麻烦还不止这些，惠帝因为戚夫人惨遭不幸而不理朝政、沉溺酒色，最终早逝，二十三岁下世。

汉惠帝的早逝给吕后出了一个更大的难题：谁来掌皇权？

惠帝下世后，吕后想封吕姓为王，于是先立了惠帝"后宫子"（惠帝和后宫宫女所生之子）刘强为淮阳王，刘不疑为常山王，刘山为襄成侯，刘朝为轵侯，刘武为壶关侯。

太后欲王吕氏，先立孝惠后宫子强为淮阳王，子不疑为常山王，子山为襄城侯，子朝为轵侯，子武为壶关侯。——《史记·吕太后本纪》

吕后让惠帝娶亲外甥女为皇后，已是人间奇闻，可谓利令智昏。一个正常的人，一旦为了自己家族的世代富贵，不择手段，就已经踏上了危险的征程了。可惜的是，吕后此时已经刹不住车了，她还要在这条道上继续超速行驶。

吕后虽然是汉代第一位皇后，但是，刘邦手中握有废立皇后的大权使吕后在刘邦在世之时始终生活在刘邦的阴影之下，并蒙受了戚夫人夺夫、夺位之苦。

现实的残酷使吕后比普通女人更懂得皇权的至高无上。

刘邦在世之时，吕后小心翼翼，绝不冒犯刘邦，即使刘邦宠幸戚夫人，甚至要废自己的亲生儿子改立戚夫人所生的刘如意，吕后也绝不与刘邦翻脸。这对于性格"刚毅"的吕后来说非常困难，但是，她一而再再而三地忍了下来。因为她知道此时绝不是感情用事的时候。

汉九年（前198），刘邦因为一桩赵国谋逆大案逮捕了自己的女婿张敖，吕后多次对刘邦说："张敖是女婿，因为女儿鲁元公主的关系，他决不会参与谋逆案的。"刘邦听后，勃然大怒："假使张敖当了天子，他还会缺少像你女儿这样的女人吗？"刘邦根本不听吕后的劝告，反而大吼了一通。

其实，这件事吕后讲得很有道理，作为刘邦女婿的张敖确实没有参与行刺刘邦的这桩谋逆大案。但是，吕后手中没有权力啊！她说得再对，由于没有权力，一点用也不管。

这些大大小小的事使吕后懂得绝对不能放弃权力！帝国集权制的制度之下，权力是天！皇权比天还大！

人性对权力的追求是无止境的。因为权力不仅可以满足一个人物质生活的各种需求，而且权力还可以满足一个人精神生活的各种需求。

权力不仅可以保护自己，还可以战胜对手。

因此，中国历史上掌握了国家最高权力的帝王几乎都无一例外地将权力掌控到死亡之时为止。吕后当然也不例外，她也要将等待了十几年才奋斗到手的国家最高权力掌握到死亡之日为止。

因此，要吕后放弃权力那简直是与虎谋皮！

所以，惠帝死后，吕后只有一种选择：必须继续掌握国家大权！

惠帝死了，独子没了，刘邦早已下世，吕后也不可能再生个儿子了。堂堂太后成了"失独族"，这种情况下怎么才能继续掌握国家大权呢？

吕后面临着三种选择：一是立惠帝与后宫宫女所生"后宫子"中的一位称帝，二是立刘邦其他几位皇子

吕后数言张王以鲁元公主故，不宜有此。上怒曰：『使张敖据天下，岂少而女乎！』不听。——《史记·张耳陈馀列传》

中的一位为帝，三是自己临朝称帝。

第一种选择最佳。因为这种办法选出来的皇帝毕竟还是自己儿子的血脉，而且惠帝后宫子年龄都非常小，极易控制。第二种选择是将皇位拱手让给了其他女人所生的皇子，这是吕后绝对不能认可的。第三种选择风险太大。扔掉一切遮羞布，自己直接当皇帝，公然将刘姓江山改为吕姓江山。这会招致刘姓皇族派与元老功臣派的联手反抗，结果实在难料。唯一可行的办法是第一种选择，吕后最终也选择了第一种方案。

但是，吕后施行第一种方案也做了手脚。吕后做了什么手脚呢？吕后此前早已让小皇后张嫣装出一副有身孕的样子，然后选了后宫宫女给惠帝生的长子淮阳王刘强为太子，同时杀掉淮阳王刘强的母亲，把失母的刘强说成是皇后张嫣的儿子。此时，惠帝五个"后宫子"中常山王刘不疑死了，仅余四子。好在刘不疑是次子，并不影响吕后立"前少帝"。

惠帝下世后，"太子"刘强即位，成为史书所载的"前少帝"。

此时的"前少帝"年幼，根本无法处理朝政，吕后做出一项重大发明：母后称制。"制"就是皇帝的命令。"称制"就是代行皇帝职权。"太子"即位称帝，拜谒高皇帝刘邦之庙，称元年，国家政令完全出于太后吕雉，太后代行皇帝职权。

乃使阳为有身，取后宫美人子名之，杀其母，立所名子为太子。——《汉书·外戚传》

二年，常山王薨，以其弟襄城侯山为常山王，更名义。——《史记·吕太后本纪》

太子即位为帝，谒高庙。元年，号令一出太后。——《史记·吕太后本纪》

这就是中国封建历史上第一次影响极为深远的女主称制。

但是，吕后做的手脚几年后就出了麻烦。当了四年皇帝的小皇帝刘强知道了自己的出身经历，知道了自己不是皇后张嫣的儿子。于是，小小年纪的"前少帝"刘强放出狠话来："太后怎么能杀了我的亲娘再给我个皇后之子的名分？等我长大了，我一定要为我亲娘报仇。""前少帝"口出狂言，吕后听说后，非常担心"前少帝"一旦长大会闹出大乱，赶快将"前少帝"囚禁到宫中监狱，对外谎称"前少帝"患病，"前少帝"身边的人都见不到他。吕后此时已决定废掉"前少帝"，但对大臣总得有个交代，稀里糊涂地废帝、立帝，必然会招致大臣们的非议。于是，吕后对大臣们说："当皇帝的第一件大事是怀着爱心治理百姓，百姓才会高高兴兴服从皇上。可是，皇上病了，久治不愈，思维昏乱，不能治理天下，需要找一个继承者。"太后一说，大臣们个个叩首说："皇上为天下百姓考虑得十分周全，我们全都听从太后的安排。"吕后完成这一过程后，下诏废掉并杀了"前少帝"。

到孝惠帝去世后，天下刚刚安定不久，继

惠帝崩，太子立为帝，四年，乃自知非皇后子，出言曰："太后安能杀吾母而名我！我壮即为所为。"太后闻而患之，恐其作乱，乃幽之永巷中，言帝病甚，左右莫得见。太后下诏废之，语在《高后纪》。遂幽死。更立恒山王弘为皇帝，而以吕禄女为皇后。欲连根固本牢甚，然而无益也。吕太后崩，大臣正之，卒灭吕氏。少帝恒山、淮南、济川王，皆以非孝惠子诛。独置孝惠皇后，废处北宫，孝文后元年薨。葬安陵，不起坟。

——《汉书·外戚传》

孝惠崩，太子立为帝。帝壮，或闻其母死，非真皇后子，酒出言曰："后安能杀吾母而名我？我未壮，壮即为变。"太后闻而患之，恐其为乱，乃幽之永巷，言帝病甚，左右莫得见。太后曰："凡有天下治为万民命者，盖之如天，容之如地，上有欢心以安百姓，百姓欣然以事其上，欢欣交通而天下治。今皇帝病久不已，乃失惑悖乱，不能继嗣奉宗庙祭祀，不可属天下。其代之。"群臣皆顿首言："皇太后为天下齐民计所以安宗庙社稷甚深，群臣顿首奉诏。"帝废位，太后幽杀之。

——《史记·吕太后本纪》

承皇位的人还没有明确。于是吕后就提高外戚的地位，封吕氏兄弟为王以作为辅佐，并让吕禄的女儿做少帝的皇后，想把根基连接得更牢固。

及孝惠帝崩，天下初定未久，继嗣不明。于是贵外家，王诸吕以为辅。而以吕禄女为少帝后，欲连固根本牢甚。——《史记·外戚世家》

变个法子当老大

惠帝下世之后，吕后称制，成了实际上的皇权继承人。吕后为什么要这样做呢？

第一，皇帝年幼，无法理政。

惠帝去世后，吕后立了两任皇帝，"前少帝"刘强与"后少帝"刘义。但是，这两任皇帝有一个共同特点：年幼。惠帝刘盈十六岁继位称帝，二十三岁病逝。他称帝的当年，吕后为他娶了亲外甥女张嫣为皇后，刘盈无法接受这位小皇后，和后宫宫女生了五个儿子，长子刘强、三子刘义相继在他下世后称帝（"前少帝"与"后少帝"）。算一算年龄可以知道，这两个儿子继位之时，都不会超过六岁。这样的年龄怎么能执掌大汉帝国的朝政呢？吕后不执政谁能执政？吕后不执政谁敢执政？吕后这样安排的目的之一就是要自己执掌朝政。

第二，失去权力，后果不堪。

刘邦去世后，吕后大权独揽，残害戚夫人，杀害赵王刘如意，她为什么能够如此顺风顺水？为什么能够如此为所欲为？因为吕后手中有皇权。

无权之苦，有权之乐，吕后远比一般女人品尝得太多太多，对权力的热恋成了她晚年最好的一口。在所有权力之中，皇权最高、最大，她能放弃吗？

惨杀戚夫人，吕后知道自己做得太过分，太失人心！连亲生儿子都觉得母后做得太过分，吕后能不知道此事做得别人会有非议吗？交出皇权会出现什么样的结果呢？这种恐惧感牢牢控制了吕后。

第三，维护既得利益。

维护既得利益是古今中外既得利益者的共同心态。触及利益远比触及灵魂更让人拼死抵制。吕后不可能放弃她个人以及吕氏外戚集团手中的既得利益，因此，只有女主称制，才能最大限度地维护自己和吕氏外戚集团的既得利益。

第四，政治才干，无出其右。

吕后是不是美女型皇后？我们不得而知，但是，所有记载这段历史的史书都未说吕后如何漂亮。即使在吕后年轻出阁之时，史书也没有记载吕后的美丽。因此，吕后应当是一位相貌普通的女子。是不是《史记》对传主的美貌一律都缺载了呢？不是。陈平，个头高，人长得帅。《史记》对陈平这位帅哥的相貌用了"长大美色"四个字做了描述。《史记》对司马相如的美貌用了"甚都"两个字加以描述。"甚都"，就是非常漂亮。

相如之临邛，从车骑，雍容闲雅甚都。——《史记·司马相如列传》

平为人长大美色。——《史记·陈丞相世家》

可见，《史记》对美女、帅哥是不吝其辞的。整部《史记》对吕后的相貌一无记载，只能说明吕后确实是相貌平平。

吕后与当上汉王之后大得刘邦宠爱的戚夫人不同，戚夫人年轻、貌美，能歌善舞。戚夫人是靠自己的美丽与才艺得宠的。

吕后和所有平民出身的开国皇帝的皇后一样，她是开国皇帝平民时代的结发之妻，不是以美貌进入宫廷的妃嫔。因此，她们不可能因美丽而得宠，她们要么只是做一个名义上的皇后，要么需要用智慧迎战挑战皇后地位的宠妃们。

吕后本来就是一个非常能干的女人。只是，吕后的这种才干开始并未引人注意。刘邦落草芒砀山，整个家庭是吕雉撑着。她要为丈夫送衣、送饭，她要为丈夫犯法坐牢，牢狱之中还要蒙受狱卒的欺凌。刘邦起兵反秦之后，她随时可能因为刘邦造反而面临灾难。这些苦难吕雉都熬过来了。这不仅需要毅力，而且需要勇气，更需要能力。吕后在这些事情中的表现史书都没有记载，因为司马迁的《史记》在记载张良之时公开宣称：张良跟随刘邦平息代地叛乱，在马邑城下出奇计，以及后来立萧何为相国，张良与刘邦平时谈得太多了，只要是与天下兴亡无太大关系的大事，都没有记载。

吕后在未登上皇后之位前的许多逸事，因为与天下存亡关系不大，司马迁也都没有记载。但是，吕后应对这

留侯从上击代，出奇计马邑下，及立萧何相国，所与上从容言天下事甚众，非天下所以存亡，故不著。——《史记·留侯世家》

些事件的能力是确确实实存在的。

登上皇后之位后，吕后积极协助刘邦诛杀功臣。她能够以同情的面目欺骗彭越，将被刘邦发往蜀中的彭越带回来，劝说刘邦杀彭越；还能指使彭越的手下诬告彭越谋反，这种心机、谋略、手段，尽管为人不齿，但是，它显示了吕后的能力。正如《史记·吕太后本纪》所记载的那样，"吕后为人刚毅，佐高祖定天下，所诛大臣多吕后力"。

从客观上看，吕后能够实行"母后称制"是由于她的特殊地位和手中握有足够的政治资源。

而政治资源是最现实、最有实力的资源。

吕后是高祖刘邦的皇后，汉惠帝的皇太后。这种合法的政治身份为她实行"母后称制"奠定了坚实的政治基础。

吕后废"前少帝"立"后少帝"更显示了她无与伦比的政治谋略与超人能力。

吕后立"前少帝""后少帝"，说立就立，没有一位大臣敢说反对。吕后废"前少帝"时，对大臣说了一番话。大臣们不但没有一人反对，竟然猛夸吕后是为天下苍生考虑，我们奉诏。可以说，吕后拿着大臣们当猴耍，大臣们也明明知道吕后杀一个皇帝再立一个皇帝完全不合法，还是集体鼓掌喊好。刘邦生前想废太子刘盈立赵王刘如意为太子，开国皇帝刘邦的最后一个愿望最终竟然无法实现。废储立储与废后立后都是国之大事，自然会有重重阻力。但是，废储立储和废帝立帝的难度实在没有任何可比性。但是，刘邦连废储立储都做不了主，吕后废帝立帝简直就像喝杯茶。想喝就喝，想倒就倒，全然不在话下。二者相比，吕后比刘邦牛多了。刘邦就像一个笨人，吕后才是真正的牛人。

由以上可知，吕后此时的权力有多么巨大。

为什么吕后可以直接废帝立帝呢？

第一，出手凶狠。

刘邦废立一个太子都没能办成，吕后却可以从从容容地废帝立帝。从这一点上说，吕后在朝中行事比刘邦顺畅得多了。这是为什么呢？堂堂开国皇帝竟然不如一位太后？

答案很简单。吕后是出名的凶残之人，刘邦废立太子要和大臣们商量；大臣们不同意，刘邦很无奈。刘邦遇事要听大臣们的意见。吕后的行事风格完全不是这回事儿，哪个小皇帝不听话，她就废哪个小皇帝，杀哪个小皇帝。

大臣们敢于反对刘邦，公开和刘邦辩论。大臣们对吕后，也就是一位王陵，还敢顶几句。其他大臣，包括陈平、周勃，都不敢顶撞吕后，唯恐引火烧身。

这主要是因为吕后蛮不讲理，要么杀人，要么摘帽子(官帽)，哪位大臣不怕杀头摘帽呢？吕后真正立起虎威源自她杀韩信、彭越两位开国大功臣。

第二，拥有三种巨大的政治资源。

吕后是皇族派的关键人物。

以刘邦八子为中心的刘姓皇族派是西汉初年政坛上最具潜力的政治势力之一。他们是刘邦的儿子，是皇权的合法继承人。未成为皇帝的皇子个个都是亲王，铁一般的事实说明：亲王不是干出来的而是生出来的。靠干而成为亲王的韩信、彭越、黥布等人，一个个都被刘邦、吕后收拾了。而且，每收拾一位异姓诸侯王，刘邦就封一个自己的儿子在原地称王。

在刘姓皇族派中，吕后是个关键人物。吕后是嫡长子刘盈的生母，也是其他诸子的嫡母；所有的皇子都不得不向她称臣、称子。

皇族派虽然对吕后称制有看法，但是，吕后毕竟未直接称帝，没有夺走刘姓江山，她仍然是将惠帝的"儿子"扶上了皇帝的宝座。因此，有看法的皇族派还没有到与吕后誓不两立的程度。

吕后与功臣派的关系大体和谐。

汉十二年 (前195) 四月，刘邦去世，吕后竟然四天秘不发丧，而与其亲信审食其商量，想杀尽天下功臣。原因是这些功臣与高皇帝联手打下了江山，最后，刘邦当了皇帝，他们只做了臣子。要他们侍奉少主刘盈，恐怕都不乐意。只有把他们全杀了，天下才能安定。

这一阴谋被与审食其关系密切的将军郦商知道了，郦商知道吕后准备杀尽天下功臣，立即进宫对审食其说，高皇帝已经故去四天了，你们不发丧，还想杀掉开国功臣。如果你们这样做，国家马上就玩儿完了。你们想想，陈平、灌婴统率十万大军驻守荥阳，樊哙、周勃率领二十万大军驻守燕代之地，如果他们知道高祖皇帝归天后你们在京城大杀功臣，一定会联手带兵攻入关中。内有大臣谋反，外有诸侯叛乱，国家的灭亡指日可待。

听了郦商这一番话，吕后才放弃了杀尽天下功臣之心。

这条记载至少说明了两点：

其一，吕后对与刘邦一块儿起兵的"诸将"怀有强烈的疑惧心理。

吕后对与刘邦一块儿起兵的"诸将"疑惧最重，这种疑惧的根据是：与刘邦一块儿起兵的"诸将"原来与刘邦平起平坐，现在又要让这些与刘邦共同打天下的、年迈的"诸将"来侍奉"少主"，他们的心理肯定不平衡。

应当说，吕后的这套"理论"并非全无道理，但是，真正握有兵权的异姓王刘邦在世时已经基本诛杀完毕。其他握有兵权的灌婴、周勃、樊哙都是刘邦集团的核心人物，他们不可能背叛刘邦。

其二，吕后主观上杀尽"诸将"和客观上有所顾忌的矛盾心理。

吕后与审食其的对话道出了她心中真实的一面——对手握重兵的诸将的疑惧；但是，郦商一番话又使她立即改变不发丧而诛诸将的想法。这暴露了吕后的两难心态：杀怕反，不杀也怕反。

但是，此事也反映了吕后的明智，她将功臣派划分为两类。

一是对她来说最具威胁的韩信、彭越、黥布"诸将"。

一是对她威胁不大的萧何、张良、陈平、曹参等

吾闻帝已崩，四日不发丧，欲诛诸将。诚如此，天下危矣。陈平、灌婴将十万守荥阳，樊哙、周勃将二十万定燕、代，此闻帝崩，诸将皆诛，必连兵还乡以攻关中。大臣内叛，诸侯外反，亡可翘足而待也。——《史记·高祖本纪》

文臣。

吕后首先是"借力打力"，利用刘邦对异姓诸侯王的疑惧，重点打击韩信、彭越等异姓诸侯王；能杀一个就杀一个，能多杀一个就多杀一个。

因为，杀韩信，杀彭越，可以得到刘邦的支持；同时，又除掉了她所担心的"诸将"。虽然吕后对其他功臣也不放心，但是，从策略上考虑，吕后还不敢对所有的功臣都下手。

吕后与萧何、陈平、张良等文臣关系密切的一个重要原因是上述诸人都参与了诛杀韩信、彭越等异姓诸侯王的行动。因此，吕后与萧何、陈平、张良等功臣的关系还较为密切。

还应看到，功臣元老派在汉初政坛上是一股巨大的力量。刘邦一走，吕后本能的第一反应是尽诛天下功臣。惠帝下世，吕后哭而无泪，张良之子张辟强对重臣陈平说："帝毋壮子，太后畏君等。"吕后听妹妹吕嬃告陈平当丞相不管事，天天喝酒、玩儿女人，心里非常高兴。因为吕后怕的是有能力的功臣们管事，像陈平这样的丞相不管事当然最好不过了，所以，她才会"私独喜"。功臣始终是吕后的心病啊！吕后自己临终之前，留下遗诏，遍赏诸侯王与大臣，并一再告诫吕产、吕禄："大臣恐为变。"吕产、吕禄并没有真正意识到他们的这位姑姑是真正懂得汉初政坛的高人，最终无论是

数谇曰："陈平为相非治事，日饮醇酒，戏妇女。"陈平闻，日益甚。吕太后闻之，私独喜。——《史记·陈丞相世家》

遗诏赐诸侯王各千金，将相列侯郎吏皆以秩赐金。——《史记·吕太后本纪》

交出大将军兵权的吕禄，还是顽抗到底的吕产都被"大臣"们诛杀了。吕氏宗族被族诛后，大臣们迎立代王刘恒进京承继大统时，代王刘恒和他手下的亲信臣僚都怀疑这又是大臣们的计谋。以至于代王刘恒不敢进京，派人再三核实了信息后才敢动身入京。代王已知吕氏被族灭，但还是胆战心惊，怕的不是别人，正是朝中的大臣。可见功臣派在朝中势力之大，吕氏外戚派、刘姓宗族派无一不怕元老重臣。

吕后是外戚派的核心人物。

吕后的大哥吕泽功封周吕侯，二哥吕释之功封建成侯，他们都曾追随刘邦起兵反秦、灭项，屡立战功。妹夫樊哙功封舞阳侯，也是汉初功臣之一。吕氏宗族虽为外戚，但是，吕氏宗族也是汉初功臣集团的一部分。

吕后大搞刘、吕联姻。以鲁元公主女为惠帝皇后；吕媭女嫁营陵侯刘泽；吕禄一女妻齐悼惠王子朱虚侯，一女为少帝后；吕产女为梁王刘恢后；又以诸吕女为赵王刘友后。目的都是为了巩固吕氏外戚派的势力。

所以，吕后是汉初外戚派天然的核心人物，深得外戚派的鼎力支持。

吕后能够驾驭汉初三派（皇族派、功臣派、外戚派），这是她敢于施行"母后称制"的最重要的原因。

所以，吕后称制，并未受到朝中重臣如陈平、王陵的反对，朝野上下都认同了吕后以母后身份的称制。

高后元年（前187），吕后正式称制，行使皇帝之权。

立规矩是件大事情

吕后不能称帝，只能称制，她的称制已经是一场大变革了。

为什么这样讲呢？

中国古代王位的传承最早实行的是"禅让制"，但是，自夏朝开始实行"家天下"的"世袭制"，父死子继或兄终弟及。但是，这种"家天下"传子不传贤的父死子继制，在父死子幼时将会遭遇尴尬——年幼的小皇帝无法行使皇权。

小皇帝与大皇权成为"家天下"的困境之一。

如何破解这一难题，中国古代的政治家们创造了一种应对这种困境的举措：顾命制。

"顾命"一词出自《尚书》，本为《尚书》一篇的篇名，取其临终遗命之意 (临终之命)。后代因此称帝王临终前的遗诏为顾命。所谓"顾命制"，指的是帝王临终前选取若干顾命大臣辅佐幼主的政治制度。

周武王临终之时，其子成王十三岁，父死子继制度遭遇了第一次尴尬。武王为了保证成王年幼时朝政不乱，年长后还能够顺利继位，命其弟周公姬旦辅佐成王。

周公摄政，引起了诸多亲贵的猜疑，他们担心周公摄政不利于成王，但是，周公最终不负武王重托，稳定了政局，并在辅政七年之后，成王年满二十岁时顺利地将权力交还成王。

因此，周公成为中国历史上第一位顾命大臣。顾命大臣的选择一般须具有两个条件：一是亲，二是贵。要么是皇亲，要么是重臣。周公姬旦刚好兼顾二者，他既是成王的叔叔，又是朝中的重臣。

顾命制之所以成为幼主继位的一种成制，原因是多方面的：

第一，顾命大臣多是帝王亲自挑选的忠贞、才智、亲贵之人，有能力执掌朝政。

第二，顾命制并非终身制，一旦幼帝成人，必须交接权力。

由于周公是儒家尊奉的圣人，他又顺利地完成了顾命重托，因此，顾命制随着后世儒家地位的上升逐渐成为一种成制。

从吕后称制开始，后宫介入朝政，皇太后干政现象不断发生，揭开了中国古代帝国政治史上新的一页。

顾命制与母后称制的最大不同在于顾命制下的顾命大臣是先皇选定的，它具有合法性。母后称制不是先皇安排的，而是在先皇崩世后由母后决定的。因此，它往往与先皇意志相左。

母后称制有诸多弊端。

一是权力终身制。

皇太后的身份非常独特，由皇太后称制往往导致终身制。

比如吕后，她先后在"前少帝""后少帝"任上独掌朝纲八年。如果吕后不在高后八年（前180）去世，恐怕她只要一息尚存就不会交出政权，这实际上就是终身制。

我们再举一个例子。北宋仁宗十三岁即位，无法行使政令，大权掌握在刘太后手中。天圣五年（1027）春节，宋仁宗亲自为刘太后拜贺。天圣七年（1029）春节，宋仁宗又要亲率百官为刘太后祝贺，范仲淹上疏极力反对，认为：家有家法，国有国法。结果，范仲淹被贬官出京。直至刘太后下世，范仲淹才回到朝中。宋代官制远比汉代成熟，但是，刘太后一旦掌握皇权，就要管到死才交权。

虽然历史上并非所有的皇太后称制都导致终身制，但是，这种皇太后称制导致终身制的概率非常高。毕竟要一个手握国家政权的人交出政权是一件非常不容易的事。

二是外戚干政。

太后称制，最容易产生外戚干政，西汉灭亡，缘于外戚干政。东汉一朝，这一现象最为突出。帝国制度下，女性往往足不出户，即使贵为太后，亦不例外。因此，太后往往依靠自己的娘家兄弟、父亲掌握朝政，导致外戚干政。

虽然顾命制也有弊端，顾命大臣专横跋扈，不把孤儿寡母放在眼里的大有人在。清代康熙皇帝十四岁就可以亲政了，但是，他不得不在十六岁之时除掉顾命大臣鳌拜后才夺回政权。

所以，一旦顾命大臣权力欲太强，顾命制的弊端也就立现。

顾命制与母后称制都不能解决皇权重大与幼子无能掌控的矛盾问题。

产生这一怪圈的根本原因在于帝国制度的要害是传子不传贤。皇权的继承人始终只能在少数人中产生。无论称制，还是顾命，都无法解决激烈的皇权之争。这是帝国

天圣五年正旦，太后御会庆殿。群臣及契丹使者班廷中，帝再拜跪上寿。是岁郊祀前，出手书谕百官，毋请加尊号。礼成，帝率百官恭谢如元日。七年冬至，天子又率百官上寿，范仲淹力言其非，不听。——《宋史·后妃传》

制在继承权上的死穴，只有彻底废除帝国制度传子不传贤的陈规，才能最终破解这一死穴。

为何不公开当大掌柜的

在刘邦创立的帝国制度下，皇帝就是大当家的。吕后为什么不公开当大当家的呢？这样不更简单吗？何必再立一个小皇帝呢？反正立不立皇帝都是由吕后行使皇帝的权力。

第一，"白马盟誓"的制约。

制约吕后称帝的最大障碍是刘邦生前与功臣们定下的"白马盟誓"。

"白马盟誓"简单来说就是杀一匹白马，让开国功臣们歃血为盟。关于"白马盟誓"的内容，现存《史记》中有四条记载：

1.议欲立诸吕为王，问右丞相王陵，王陵曰："高帝刑白马盟曰'非刘氏而王，天下共击之'。今王吕氏，非约也。"《史记·吕太后本纪》

2.七月中，高后病甚，乃令赵王吕禄为上将军，军北军；吕王产居南军。吕太后诫产、禄曰："高帝已定天下，与大臣约曰'非刘氏王者，天下共击之'。今吕氏王，大臣弗平。我即崩，帝年少，大臣恐为变。必据兵卫宫，慎毋送丧，毋为人所制。"《史记·吕太后本纪》

3.高皇帝约"非刘氏不得王，非有功不得侯。不如约，天下共击之"。《史记·绛侯周勃世家》

4.高祖末年，非刘氏而王者，若无功上所不置而侯者，天下共诛王陵是刘邦临终前遗命继曹参之后的丞相人选，他为人非常耿直。吕后打算封吕姓为王，问到他，他提出"白马盟誓"对抗吕后。王陵搬出"白马盟誓"搞得吕后非常被动，但又不敢公开废除"白马盟誓"，只好对王陵明升暗降，将他逐出丞相之位，安排自己的亲信审食其担任，以减少封诸吕为王的阻力。

吕后临终前交代后事时又提到"白马盟誓"的主要内容。这条记载非常关键。吕后临终之时最担心的是自己违背刘邦的"白马盟誓"已经招致功臣派、皇族派的联手反对，所以，再三叮嘱吕禄、吕产千万不要参加发丧，千万不要离开军营，千万不要放弃军权，否则，后果不堪设想。

周亚夫是周勃之子，平定吴楚七国之乱的大功臣，他反对汉景帝无功而封一名外戚，因此，陈述了"白马盟誓"的主要内容。

《史记·汉兴以来诸侯年表》也提到"白马盟誓"的主要内容。

综上可知：第一，"白马盟誓"确实存在。第二，刘邦的"白马盟誓"明确规定非刘氏者不得封王。

吕后尽管此时掌握了国家大权，但是，她仍然在封吕氏为王时有所顾忌。吕后封吕氏为王尚且顾忌大臣反对，她怎么可能越过王位直接称帝呢？

第二，功臣派势力强大。

吕后是开国皇帝的皇后，与她相处的是与开国皇帝一块儿打天下的功臣元老。此时，尽管萧何、曹参、张良等人已经故去，但是，陈平、周勃、灌婴等一大批开国功臣仍然健在。

吕后可以立一个刘姓小皇帝施行"母后称制"，因为这没有改变刘姓江山。如果她直接称帝，那就是改朝换代，就是公开抛弃"白马盟誓"。皇族派、功臣派就会联手对付吕后，吕后还不敢冒此风险。

所以，吕后称制，并未受到朝中重臣如陈平、王陵的反对；朝野上下都认同了吕后以母后身份的临朝称制。

如果吕后正式登基称帝，那就是完全不同了。因此，虽然都是吕后行使皇帝的权力，但是，吕后要想称帝，皇族派和功臣派就会联手灭吕。

吕太后能够任意废立皇帝，权力大到这种程度，刘邦诸皇子的命运又会如何呢？

请看：皇子命运。

皇子命运

七

刘邦死后，吕后掌握了朝政大权后，她便疯狂迫害戚夫人和赵王刘如意。尽管惠帝刘盈亲自出面保护赵王刘如意，吕后还是伺机毒死了刘如意。吕后如此凶残，刘邦的其他几位皇子的命运又将会如何呢？

刘肥：我的脱险难以启齿

刘邦共有八个儿子，庶长子刘肥，被封为齐王。次子即嫡长子刘盈，继位为皇帝（汉惠帝）。再次为庶子刘如意，戚夫人生，被封为赵王。再次为庶子刘恒，薄夫人生，被封为代王（汉文帝）。再次为刘恢，初封梁王，后改封为赵王。再次是刘友，初封淮阳王，后改封为赵王。再次为淮南王刘长（cháng），最小的是燕王刘建。

无论刘邦有几个儿子，有一点是肯定的：嫡长子刘盈是法定继承人。按说，自己的儿子稳稳当当地在刘邦去世后当了皇帝，吕后应当非常高兴。依照常理，在废立之争中获得胜利的吕后，会因为幸福而变得宽容一些。

事实怎么样呢？她会怎样对待赵王刘如意之外的其他皇子呢？

子肥为齐王，王七十余城，民能齐言者皆属齐。——《史记·高祖本纪》

刘肥是刘邦的庶长子，刘邦即位的第二年被封为齐王。这是刘邦即位之后第一次分封同姓王。刘邦此次封了三位刘姓王，只有刘肥是刘邦的庶长子。此时，刘邦其余诸子尚年幼，无法加封。

这次大封同姓王是在剥夺了楚王韩信的楚王之后进行的，刘邦此次将齐地七十二城分给了刘肥。《史记》记载中的"民能齐言者皆属齐"一句最为重要。这等于昭告天下会说齐国话的人一律返回故国。刘邦分封所有同姓、异姓诸侯王时都没有这一条规定，唯独封齐王刘肥时加了这一条。这一条虽只有短短八个字，但却是最优厚的一条。三年灭秦之战、四年楚汉战争，各地百姓背井离乡者不计其数。刘邦即位后，听任流亡他乡的百姓择地居住，唯独齐国百姓必须回齐国。这是强化齐王刘肥的重大举措。有了这一条，齐国的人口会激增。本来就有七郡之地的齐国会因人口的增加更加强盛。

惠帝二年（前193）十月，齐王刘肥来朝，惠帝为齐王刘肥举行了兄弟之情的家宴。惠帝因为刘肥是兄长，就让刘肥坐了上座；刘肥也未加多想，就在上座落座。

二年，楚元王、齐悼惠王皆入朝。十月，孝惠与齐王燕饮太后前。孝惠以为齐王兄，置上坐，如家人之礼。——《史记·吕太后本纪》

惠帝请长兄齐王坐上座，完全是出于真心、真情，显示了他为人的平和。

刘肥为什么敢于在皇帝面前坐上座呢？

一是感到惠帝确实是真心。

二是觉得自己确为长兄。

三是认为宫中家宴可以不拘君臣之礼。

四是没有细想此事会触犯吕后。

但是，吕后可没有这么想。她看见刘肥竟然坐了上座，自己的儿子惠帝竟然下座陪侍，勃然大怒。立即命令下人准备两杯毒酒，送给齐王，让齐王用这两杯酒为自己敬酒。刘肥不知道这两杯酒的厉害，端起酒来就准备给吕后敬酒。对刘肥来说，吕后是他的嫡母，又是皇太后。太后让自己敬酒，他赶紧端起了酒杯。惠帝不知道这里面的奥妙，因看见自己的兄长齐王起身敬酒，他也端起了其中一杯酒一块儿敬吕后。吕后看见惠帝也端起了其中的一杯毒酒，脸色大变，立即动手打翻了惠帝的那杯酒。齐王刘肥看到太后亲自打翻惠帝手中的酒杯，感到非常奇怪，便装出喝醉的样子，酒也不敬了，摇摇晃晃、匆匆忙忙地离开了皇宫。回到自己的官邸一打听，才知道自己端起来的那杯酒和太后打翻的那杯酒，都是毒酒。齐王顿时吓呆了！知道自己冒犯了太后。

吕后为什么会因为一个家宴的座次动了杀机呢？

第一，齐王违背君臣之礼。

齐王刘肥虽为兄长，但是，惠帝是君，齐王为臣；只有臣子侍奉君王，岂有君王侍奉臣下？齐王刘肥对此事的处理确实有误。但是，这有一个重要的前提，就是惠帝要求执兄弟之礼。齐王的失误在于他没有坚持执君臣之礼，但是，毕竟惠帝与齐王为同父异母的亲弟兄。齐王纵然失礼，罪不至诛啊！

第二，吕后认为齐王未将当今皇上放在眼里。

吕后为什么会因为齐王失礼而要当场毒杀刘肥呢？

吕后认为刘肥自恃长兄而没有将已经当了皇帝的弟弟放在眼里，有非分之想！

刘肥在高祖八男中排行第一，但是因为他是庶出，非嫡长子，因此，他虽为兄长，却不能继承帝位。刘肥完全承认自己的庶出身份，从来没有想当太子的念头；

但是，吕后却认为刘肥失礼的举动是有非分之想。

吕后的想法不能说全无道理，只是过于敏感。

和吕后这种过于敏感的人打交道非常危险，每句话、每个动作都要前思后想，稍有不慎，就会立即被处死。古人常云"伴君如伴虎"，当指此而言。

吕后年轻时为什么不是这样的？

为什么受刘邦牵连被关进狱中受到狱卒虐待时她没有大怒？

为什么刘邦封刘肥为齐王时她没有大怒？

此一时，彼一时！

彼时的吕后尚没有那么大的权力！

权力异化了吕后，使她成为疑神疑鬼之人！同时，手中毫无节制的权力又使她可以为所欲为。

齐王非常害怕，认为自己这次是出不了长安了。他的内史（西汉诸侯国中主管民政的官员）对他说："太后只有惠帝和鲁元公主两个亲生孩子。如今大王的齐国有七十多座城，鲁元公主只有几个城的食邑。如果大王能拿出一个郡奉献给太后，作为鲁元公主的汤沐邑（指皇帝、太后、公主等收取赋税的私邑），太后一定很高兴。"

齐内史士说王曰："太后独有孝惠与鲁元公主。今王有七十余城，而公主乃食数城。王诚以一郡上太后，为公主汤沐邑，太后必喜，王必无忧。"——《史记·吕太后本纪》

齐王刘肥是汉初分封同姓王时受封时间最早、受封面积最大、国力最强、人丁最旺的皇子。因为刘邦诸子年幼，汉初分封同姓王时皆无法主持国政。刘肥年长，因此，刘邦便把最大的齐国封给了刘肥。当时，吕后心中肯定不满，但是，由于刘邦在世，吕后不便表现出来罢了。

刘邦下世，惠帝即位，齐王刘肥的广袤国土便成了吕后下手的主要对象。

齐王听了内史的话，主动提出把城阳郡献给鲁元公主，并且主动提出尊鲁元公主为王太后，等于自己做吕后女儿的"儿子"。这是一个丧尽人格尊严的马屁！

这是让哥哥做妹妹的"儿子"。这种丧尽人格的主意吕后会同意吗？

吕后的反应竟然是三个字："喜，许之。""喜"，高兴啊；自己的女儿增加了汤沐邑，当然高兴啊；"许之"，答应了。

接受汤沐邑，还只是贪婪。

更让人齿寒的是作为兄长的刘肥被逼无奈，竟然尊自己同父异母的妹妹鲁元公主为"母亲"！

这简直是闻所未闻！刘肥的无奈，吕后的霸道、贪婪、无耻，暴露无遗！

吕后欣喜之余，还叫自己的儿子、女儿亲自到齐王刘肥在京城的官邸，为自己的女儿举行了隆重的认"儿"仪式。极尽欢娱之后，才放齐王刘肥回国。

于是齐王乃上城阳之郡，尊公主为王太后。吕后喜，许之。乃置酒齐邸，乐饮，罢，归齐王。——《史记·吕太后本纪》

吕后与戚夫人有情敌兼政敌的双重关系，因此，吕后残害戚夫人、杀害刘如意尚有可以让人理解之处。但是，嫡长子刘盈与庶长子刘肥在嫡庶界线分明的汉代，毫无竞争。仅仅因为惠帝尊刘肥为兄而让刘肥坐了上座，吕后竟然备下两杯毒酒，企图加害刘肥，太过分了。因为刘肥也是刘邦之子啊！对待丈夫的儿子竟然如此下手，让人齿寒。如果不是惠帝不知内情，端起了另一杯毒酒，齐王刘肥恐怕早就撒手人寰了。

吕后的这种霸道行径为后来皇族派消灭诸吕埋下了祸根，吕后死后，率先发动诛杀诸吕行动的正是刘肥的两个儿子刘襄和刘章。刘襄在齐地，刘章在京城，一个内应，一个外合。刘章发动，刘襄举兵。一场诛除诸吕的风暴席卷大地。

刘肥因为献邑、认母示忠得到吕后大大地欣赏！所以，终刘肥一生，吕后都没有再为难他。但是，这是一个危险信号。至于认妹为"太后"的刘肥，实在是受了一场窝囊气，没有几年就一命呜呼了。

悼惠王即位十三年，以惠帝六年卒。
——《史记·齐悼惠王世家》

吕后：我也是被逼的

惠帝二年 (前193) 齐王刘肥事件之后，到吕后去世前一年的高后七年 (前181)，这十二年之中刘邦诸皇子还相当平静。除了惠帝元年 (前192) 被杀的刘如意，惠帝七年 (前188) 病卒的刘盈，其他诸皇子都平安无事。

吕后是高后八年 (前180) 崩逝。她崩逝的前一年，突然出现了一系列令人震惊的事件。

惠帝元年 (前192) 十二月赵王刘如意被鸩后，吕后选派了刘邦的第六子淮阳王刘友继任赵王。

高祖十一年 (前196) 三月，梁王彭越"被谋反"夷灭三族。事后，刘邦下诏，选择可以担任梁王、淮阳王的人选。这等于将彭越的梁地一分为二：一设梁国，二设淮阳国。燕王卢绾、相国萧何举荐：立皇子刘恢为梁王，皇子刘友为淮阳王。刘邦将东郡划给了梁国，将颍川郡划给了淮阳国。

三月，梁王彭越谋反，夷三族。诏曰：『择可以为梁王、淮阳王者。』燕王绾、相国何等请立子恢为梁王，子友为淮阳王。罢东郡，颇益梁；罢颍川郡，颇益淮阳。——《汉书·高帝纪》

刘友的王后是吕后的娘家人，刘友偏偏不喜欢吕后给他指定的这门亲事，而喜欢其他女人。

吕后将吕姓诸女许给刘邦诸子的初衷是为了加强刘、吕两姓的联系。刘邦诸子都是皇子，不需要任何人捧他们，他们就是天生的亲王。吕姓诸女则不同，她们需要和刘邦诸子联姻之后才能进入皇族圈。

但是，嫁给刘姓皇族的吕姓诸女大都依仗吕后的势力，根本没有把刘姓诸王放在眼里。刘友的这位王后更是厉害。诸侯王多嫔妃是习见之事，但是，这位吕姓王后非常恼怒，竟然跑到吕后那儿告黑状，诬陷刘友曾讲："姓吕的怎么能称王？太后百年之后，我一定要灭了这些姓吕的。"

此话刘友肯定没有讲过，但是，赵王王后的告状吕后肯定相信。因为吕后认为：自己对诸吕的宠爱，刘姓诸王一定会对此不满。所以，刘友说这种话一点儿不奇怪。果然，吕后听到这个消息，立即下令召赵王刘友进京。

高后七年 (前181) 一月，吕后召赵王刘友进京，但吕后并不见他，而是将他安置在赵王的"驻京办"，让士兵们围起来，不给他食物。随同刘友进京的官员偷偷地给他送点儿吃的，吕后将送东西的臣子都抓起来处死。饿极了的赵王，临死前唱了一首楚歌："吕氏掌权啊刘氏危险，强迫我啊娶了吕姓的王妃。我的王妃嫉妒啊又会诬陷，女人进谗乱国啊嫡母竟然受骗。我不是没有忠臣啊怎么会失国？中途自尽荒野啊只有苍天可鉴。可惜悔之已晚啊宁愿早入黄泉，身为赵王被饿死啊有谁可怜！吕氏灭绝天理啊只有祈盼苍天报此仇冤。"

几天之后，刘友饿死。

一位皇子活活被饿死，吕后将会怎样处理刘友的后事呢？吕后却以普通百姓的礼仪把赵王刘友埋葬在京城百姓的墓地中。

刘友是第一任赵王刘如意被杀之后被害的第二任赵王，已经是无独有偶了，这种悲剧还会重演吗？

高后七年二月，在刘友死后十几天，吕后又把刘友的哥哥梁王刘恢改封为赵王。

已经有两任赵王死在了赵王的王位之上，新封的赵王刘恢能否避免重蹈前两任赵王的覆辙呢？

七年正月，太后召赵王友。友以诸吕女为后，弗爱，爱他姬，诸吕女妒，怒去，谗之于太后，曰『吕氏安得王！太后百岁后，吾必击之』。太后怒，以故召赵王。赵王至，置邸不见，令卫围守之，弗与食。其群臣或窃馈，辄捕论之。赵王饿，乃歌曰：『诸吕用事兮刘氏危，迫胁王侯兮彊授我妃。我妃既妒兮诬我以恶，谗女乱国兮上曾不寤。我无忠臣兮何故弃国？自决中野兮苍天举直！于嗟不可悔兮宁蚤自财。为王而饿死兮谁者怜之！吕氏绝理兮托天报仇。』丁丑，赵王幽死，以民礼葬之长安民冢次。

——《史记·吕太后本纪》

刘恢的妻子也是吕后指派的，而且这位吕氏王后地位更高，她是吕产的女儿。吕产是吕后的侄子，也是吕后在朝中的最主要的依靠力量，官拜相国，非常得势。吕产的女儿仗着其父的权势，在刘恢的王宫中到处安排吕氏宗族，掌握了宫中的大权，而且还监视赵王刘恢，使刘恢没有一点点行动的自由。

刘恢宠幸一位宫女，王后派人把她毒死。刘恢非常痴情，对这位宫女非常喜爱。自己最宠爱的宫女被杀，刘恢悲愤欲绝。但是，他对专横跋扈的妻子什么都不能做。

高后七年六月，第三任赵王刘恢自杀。

身为赵王的刘恢为什么要自杀呢？

一是没有爱情。

二是没有自由。

匈牙利诗人裴多菲曾以一首"生命诚可贵，爱情价更高。若为自由故，二者皆可抛"之诗名闻中华大地。两千年前的刘恢恰恰是既无爱情，又无自由，他的自杀当属必然。

吕后知道第三任赵王自杀，她会反省自己的作为吗？

恰恰相反，吕后认为刘恢为了一个女人而放弃他作为诸侯王的职责，于是下令废掉刘恢儿子的王位继承权。

三任赵王悉数遇难，吕后砍向刘姓皇子的屠刀会放下吗？

二月，徙梁王恢为赵王……梁王恢之徙王赵，心怀不乐。吕，擅权，微伺赵王，赵王不得自恣。王有所爱姬，王后使人酖杀之。王乃为歌诗四章，令乐人歌之。王悲，六月即自杀。太后闻之，以为王用妇人弃宗庙礼，废其嗣。——《史记·吕太后本纪》

刘恒：哥只图个平安

在赵王刘恢死后的当年秋天，吕后派人告诉代王刘恒，让他继任赵王。

吕后的这个主意是对代王刘恒示好吗？

大限将尽的吕后正处在最后的疯狂期。高后七年一月至六月这半年之中她连续迫害致死了两位刘姓皇子刘友、刘恢。从赵王刘如意开始，刘友、刘恢都非正常死在了赵王之位上。代王刘恒是吕后拟议的第四任赵王。

刘恒是高祖十一年 (前196) 八岁时被立为代王的。代地非常偏远，代王的力量也非常弱小。此时，刘恒已在代王的位置上干了十五年了。但是，代王刘恒立刻上书，表示自己愿意为嫡母守护边陲。吕后同意了。

秋，太后使使告代王，欲徙王赵。代王谢，愿守代边。
——《史记·吕太后本纪》

代王刘恒谢绝继任赵王一事绝非偶然，而是有着极深的背景。

第一，与代王之母薄姬息息相关。

代王之母薄姬是位私生女。她的父亲和原战国时魏王宗室一女子魏媪私通，生了薄姬。秦末大起义时，原战国魏王后裔的魏豹在楚怀王熊心的支持下重建魏国，被立为魏王。魏媪是原魏国宗室之女，所以，魏豹当了魏王，魏媪就将薄姬送入了魏豹的后宫。魏媪送女入宫后，专门找了当地一位"大师"许负相面。许负擅长相面，他相薄姬后说："此女会生一位天子。"

此时，项羽与刘邦在荥阳交战正酣，未分胜负。魏豹最初是汉王刘邦一派，听到相面"大师"许负说薄姬"当生天子"之言后，心里暗暗高兴，以为天命归己。于是，魏豹叛汉，先中立，继而与项羽联手。刘邦派曹参打败魏豹，并抓捕了他。西魏国的土地成了汉王下辖的郡，薄姬也被送往汉王刘邦的女工作坊（织室）。

还有一种说法。

刘邦东出函谷关伐楚，魏豹开始就站在了汉王刘邦一边。彭城大败，魏豹感到西楚霸王项羽的实力强于汉王刘邦。因此，刘邦联军退守荥阳时，魏豹借口回国省亲，过了黄河就宣布叛汉。刘邦此时正全力应对楚军，无力征战魏豹。于是，他对郦食其说，你去劝劝魏豹，如果能让他重新站到我这一边，我封你万户侯。魏豹见到郦食其说，人生一世，极为短暂。汉王待人极其无礼，骂诸侯、大臣就像骂自己家的奴仆一样，我实在不想再见到他。刘邦见劝说无效，只好用兵。韩信奉命击败魏豹，将魏豹押送到汉营。

这两种说法都有道理。魏豹叛汉的原因是多方面的，楚强汉弱，薄姬"当生天子"，都是

薄太后，父吴人，姓薄氏，秦时与故魏王宗家女魏媪通，生薄姬，而薄父死山阴，因葬焉。及诸侯畔秦，魏豹立为魏王，而魏媪内其女于魏宫。媪之许负相所，相薄姬，云当生天子。——《史记·外戚世家》

是时项羽方与汉王相距荥阳，天下未有所定。豹初与汉击楚，及闻许负言，心独喜，因背汉而畔，中立，更与楚连和。汉使曹参等击虏魏豹，以其国为郡，而薄姬输织室。——《史记·外戚世家》

汉王还定三秦，渡临晋，魏王豹以国属焉，遂从击楚于彭城。汉败，还至荥阳，豹请归视亲病，至国，即绝河津畔汉。汉王闻魏豹反，方东忧楚，未及击，谓郦生曰："缓颊往说魏豹，能下之，吾以万户封若。"郦生说豹。豹谢曰："人生一世间，如白驹过隙耳，非今汉王慢而侮人，骂詈诸侯群臣如骂奴耳，吾不忍复见也。"于是，汉王遣韩信击虏豹于河东，传诣荥阳，以豹国为郡。——《史记·魏豹彭越列传》

魏豹叛汉的诱因。如果是楚强汉弱诱使魏豹叛汉，魏豹还算识时务。如果仅凭相面"大师"一句"当生天子"的话就叛汉，魏豹无疑是个浑球儿。即使薄姬"当生天子"的预言正确，也还有个薄姬和哪个男人生天子的问题。仅凭一句"当生天子"就认为薄姬会为自己生个天子，那也太糊涂了。不管哪种说法，有一点是肯定的：被相面"大师"预言"当生天子"的薄姬成了刘邦手下的织工。但是，薄姬此时还无缘见到刘邦，更遑论受到刘邦宠幸，因为薄姬此时还在汉王的作坊干活儿。

幸运的是，魏豹死后的某一天，刘邦无意间到织室转转，意外地发现一位织工挺有姿色，便将她召入后宫，此织工正是薄姬。刘邦此时虽只是汉王，又是楚汉战争征战犹酣之时，吕雉还在项羽的军营做人质，但是，刘邦身边的女人已经相当多。颇有姿色的薄姬被刘邦选入后宫就被刘邦忘记了。入宫一年多，一次亲近的机会都没有。"当生天子"的预言肯定无法实现。

幸运的是，薄姬小时候曾有两个发小：管夫人和赵子儿。她们三个相约：谁先富贵了都别忘记另外两位。凑巧的是，此时管夫人、赵子儿都来到了刘邦的身边，而且得到了刘邦的宠幸。有一天，汉王刘邦坐在成皋台上，刚好听见管夫人、赵子儿两位美人正在议论薄姬少时和她俩的约定。刘邦一听，立即讯问事情的原委，两位美人实话实说。刘邦听后，动了怜香惜玉之心，当天就召见薄姬侍寝。薄姬等了一年多，好不容易有了一次与刘邦亲密接触的机会，不失时机地对刘邦说："昨晚我梦到一条苍龙盘旋在我的肚子上。"刘邦高兴地说："这是贵征啊，我来成全你。"刘邦与薄姬仅有这一夜之情，更为离奇的是，薄姬竟然因此一夜之情，怀上了龙种，生下一个儿子，这就是代王刘恒。此后，薄姬再也没见过刘邦。因此，刘邦下世后，凡是刘邦生前宠幸的妃嫔，包括戚夫人，都被幽禁在深宫之中，不能出宫。唯独薄姬，因为与刘邦只有一夜之情，吕后破例放她离宫跟随儿子刘恒，成为代王的王太后。

母亲的遭遇让代王刘恒从小就知道宫廷的黑暗，王室的险恶，权力的可怕。所以，他处处小心，事事低调。

皇太后让刘恒从边地到中原任赵王，他为什么非要在边陲一隅当个代王而不愿到中原来呢？

因为三任赵王的悲剧结局已经使刘邦八子中的幸存者心惊胆战了。三任赵王死于非命让代王刘恒深知自保是第一位的，活着比什么都重要。赵王能和生命相交换吗？能在血雨腥风中苟全性命就是胜利。这种心态之下的代王刘恒当然不会去当刘姓皇族的第四任赵王，谁想当赵王谁就当呗，反正我刘恒不当。刘恒的婉拒使赵王人选落到了吕氏集团之中。

吕后答应了刘恒的要求。在吕后最后疯狂的高后七年，只有代王刘恒一人是靠自己的政治智慧保全了性命。此时，刘恒八兄弟中仅余皇四子代王刘恒、皇七子淮南王刘长和皇八子燕王刘建。

高后七年（前181）九月，燕王刘建死。刘建是刘邦

豹已死，汉王入织室，见薄姬有色，诏内后宫，岁余不得幸。始姬少时，与管夫人、赵子儿相爱，约曰：『先贵无相忘。』已而管夫人、赵子儿先幸汉王。汉王坐河南宫成皋台，此两美人相与笑薄姬初时约。汉王闻之，问其故，两人具以实告汉王。汉王心惨然，怜薄姬，是日召而幸之。薄姬曰：『昨暮夜妾梦苍龙据吾腹。』高帝曰：『此贵征也，吾为女遂成之。』一幸生男，是为代王。其后薄姬希见高祖。高祖崩，诸御幸姬戚夫人之属，吕太后怒，皆幽之不得出宫。而薄姬以希见故，得出，从子之代，为代王太后。

——《史记·外戚世家》

最小的儿子，他没有等到吕后动手就病死了。刘建没有嫡子，但有后宫美人（古代妃嫔的封号）生了一个儿子。依照惯例，刘建的这个儿子应当继承刘建的燕王之位。但是，吕后另有想法。她没有让刘邦的这个孙子继承燕王之位，而是派人杀了刘建的这个儿子，以刘建无后为名，撤销了燕国。

高后八年（前180）吕后崩逝，这一年出现的一连串事件是不是吕后对大限将至的预感呢？

刘长：哥是个传奇

疯狂的高后七年（前181），吕后逼死了两位赵王刘友、刘恢，燕王刘建病死，儿子被杀。加上早已经崩逝的惠帝刘盈，被毒死的赵王刘如意和惠帝年间连病带气而早逝的齐王刘肥。这疯狂的一年中，刘邦八子中存世的皇子只剩下了两位：一位是依靠政治智慧而幸存下来的代王刘恒，那么，另一位皇子是谁？他为什么能够活了下来？

事情还得从高祖三年说起。

汉三年（前204），韩信奉汉王刘邦之命攻打赵国时，张耳也奉命与韩信一同参战。攻下赵国后，张耳被封为赵王。汉五年（前202），张耳病死，他的儿子张敖继位为赵王，刘邦、吕后还把自己唯一的亲生女儿嫁给了赵王张敖。

张敖的父亲张耳曾经在刘邦起兵反秦之前就和刘邦是亲密旧交，当时刘邦毫无名气，但是，张耳已经是名

汉五年，张耳薨，谥为景王。子敖嗣立为赵王。高祖长女鲁元公主为赵王敖后。——《史记·张耳陈馀列传》

上，刘邦慕名拜访张耳，受到张耳的礼遇。所以，张耳和刘邦的关系非同一般。

汉七年（前200），刘邦从平城与匈奴作战返京，路过赵国。因为张敖与刘邦谊属君臣，情兼翁婿，所以，赵王张敖对刘邦侍奉得非常热情、周到，他脱去外衣，戴上皮套袖，亲自动手为刘邦端饭上菜，但是，刘邦却表现得非常傲慢。

赵国国相贯高、赵午这些老臣都是当年张耳的老部下，实在看不惯刘邦对张敖的傲慢无礼，便劝张敖，天下大乱，豪杰蜂起，能者先立为王。您对皇帝非常恭敬，而皇帝对您太傲慢，请让我们宰了他。

张敖会同意谋反吗？

张敖一听，大惊失色，咬指出血说："你们怎么能说出这种话？我家先君失国，全仗高祖皇帝得以复国，祖孙受益，全是皇上的恩泽。希望你们再不要说这样的话。"但是，贯高诸人的心中愤愤不平，决意谋杀刘邦。并决定：事成功归赵王张敖，事败独自承担罪名，决不连累赵王。

汉八年（前199），刘邦再次经过赵地。贯高等人便在柏（bǎi）人县（今河北隆尧县）刘邦下榻宾馆的夹墙中埋伏了刺客。刘邦住下以后，休息之前，突然感到一种不祥，便问："这是什么地方？"随从告

高祖为布衣时，尝数从张耳游，客数月。——《史记·张耳陈馀列传》

赵王张敖自持案进食，礼恭甚，高祖箕踞骂之。——《史记·田叔列传》

汉七年，高祖从平城过赵。赵王朝夕袒韝蔽，自上食，礼甚卑，有子婿礼。高祖箕倨骂，甚慢易之。赵相贯高、赵午等年六十余，故张耳客也。生平为气，乃怒曰：『吾王孱王也。』说王曰：『夫天下豪杰并起，能者先立。今王事高祖甚恭，而高祖无礼，请为王杀之！』——《史记·张耳陈馀列传》

张敖啮其指出血，曰：『君何言之误。且先人亡国，赖高祖得复国，德流子孙，秋毫皆高祖力也。愿君无复出口。』——《史记·张耳陈馀列传》

诉他是柏人县。刘邦说："柏人"就是"逼迫人"，遂连夜离开。

原来，"柏（bǎi）"字还可以读成"柏（bó）"，而"柏（bó）"与"迫"古音相同，所以，刘邦便认为"迫人"不吉利，连夜起驾走了。贯高谋杀刘邦的计划因此流产。刘邦这次能躲过一劫实在令人不可思议，他为什么会感到心中不安？为什么破例连夜赶路？让人无语。

贯高行刺失败，会不会受到惩罚呢？

汉九年（前198），贯高的仇家知道了这个消息，便向刘邦举报。刘邦听说后，非常震惊，于是把赵王、贯高及赵王宫中之人一块儿抓捕。

参与谋杀刘邦的当事人争着自杀，贯高大骂他们："谁让你们这样做？如今大王无罪而被捕，你们要是都死了，谁还大王一个清白？"于是，囚车押着张敖、贯高送往京城。

刘邦下令：谁敢跟着赵王张敖进京，一律灭族。除了被逮捕的张敖、贯高，其他参与此事的十几个人都剃光了头发，戴上铁圈，以家奴的身份随同赵王张敖进京。

进京之后，贯高在受审时说："只有我一个人设谋，赵王根本不知道这件事。"狱卒严刑逼供，打了上千板子，又用锥子刺遍全身。贯高皮开肉绽，全身找不到一处未受伤而可以下锥的地方。但是，贯高始终

汉八年，上从东垣还，过赵，贯高等乃壁人柏人，要之置厕。上过欲宿，心动，问曰：『县名为何？』曰：『柏人。』『柏人者，迫于人也！』不宿而去。
——《史记·张耳陈馀列传》

不改口供。

吕后亲自出面为女婿张敖辩护，刘邦根本听不进去。

主审的廷尉（九卿之一，相当于最高法院院长）将贯高受审的详情报告了刘邦。

高祖听完贯高遭受酷刑决不出卖张敖的汇报之后，长叹一声说："壮士啊！谁和他是朋友，让他以个人的身份找贯高谈谈。"

中大夫（皇帝的侍从官，掌管谏纳）泄公是贯高的好友，他说："贯高是我的老乡，他是赵国最讲义气、最重诺言的义士。"于是，刘邦派泄公去狱中见贯高。

贯高被人用担架抬过来，看了看来人说："你是泄公吧？"泄公赶快安慰贯高，像平常老朋友见面那样，寒暄了好一阵儿，泄公问："赵王真的没有参与此事吗？"贯高回答："谁不爱自己的父母妻子？如今我的父母妻子都要因为我犯法而被处死，我怎么会拿自己的父母妻子去换赵王的命呢？赵王确实没有反，就是我们几个人做的。"贯高详细地说明了赵王不知内情的经过，泄公将情况向刘邦做了详细汇报。

得到真实情况的刘邦会怎么处理张

廷尉以贯高事辞闻。上曰：'壮士！谁知者，以私问之。'中大夫泄公曰：'臣之邑子，素知之。此固赵国立名义不侵为然诺者也。'上使泄公持节问之箯舆前。——《史记·张耳陈馀列传》

仰视曰：'泄公邪？'泄公劳苦如生平驩，与语，问张王果有计谋不？高曰：'人情宁不各爱其父母妻子乎？今吾三族皆以论死，岂以王易吾亲哉！顾为王实不反，独吾等为之。'具道本指所以为者王不知状。于是泄公入，具以报。——《史记·张耳陈馀列传》

汉九年，贯高怨家知其谋，乃上变告之。于是上皆并逮捕赵王、贯高等。十余人皆争自刭，贯高独怒骂曰：'谁令公为之？今王实无谋，而并逮王，公等皆死，谁白王不反者！'乃轞车胶致，与王诣长安。治张敖之罪。上乃诏赵群臣宾客有敢从王皆族。贯高与客孟舒等十余人，皆自髡钳，为王家奴，从来。贯高至，对狱，曰：'独吾属为之，王实不知。'吏治榜笞数千，刺剟，身无可击者，终不复言。——《史记·张耳陈馀列传》

敖、贯高呢？

刘邦立即赦免了赵王张敖，但是，张敖的赵王已经不能再当了，因张敖毕竟还是自己的女婿，于是，刘邦改封张敖为宣平侯。

这件事让刘邦非常欣赏贯高的为人，他派泄公告诉贯高赵王张敖已被释放，并说自己很欣赏贯高，因此打算赦免贯高。

上贤贯高为人能立然诺，使泄公具告之，曰：『张王已出。』因赦贯高。——《史记·张耳陈馀列传》

贯高会接受刘邦的赦免吗？

贯高很高兴地说："我之所以不死，就是为了证明赵王张敖未谋反。如今赵王已经被释放，我的责任已经完成了，死无遗憾了。作为人臣，犯了谋逆之罪，有何颜面见皇上呢？即使皇上赦免了我，难道我心中就不惭愧吗？"于是，他在狱中割断自己的颈动脉而死。

贯高喜曰：『吾王审出乎？』泄公曰：『然。』泄公曰：『上多足下，故赦足下。』贯高曰：『所以不死一身无余者，白张王不反也。今王已出，吾责已塞，死不恨矣。且人臣有篡杀之名，何面目复事上哉！纵上不杀我，我不愧于心乎？』乃仰绝肮，遂死。——《史记·张耳陈馀列传》

贯高自杀的消息立即传遍了天下。

贯高谋反与刘邦的皇七子淮南王刘长有何关系呢？

原来，刘邦于高祖八年第二次路经赵国时，赵王张敖将自己的一位后宫美人献给刘邦，刘邦因为感觉柏人县的县名不吉利，未住下来就离开了。但是，这位美人却因和刘邦的一夜情而怀了孕。张敖听说美人怀了孕，立即把她安置在王宫外单独居住。

淮南厉王长者，高祖少子也，其母故赵王张敖美人。高祖八年，从东垣过赵，赵王献之美人。厉王母得幸焉，有身。赵王敖弗敢内宫，为筑外宫而舍之。——《史记·淮南衡山列传》

第二年 <small>(高祖九年，前198)</small>，贯高谋反事件暴露，这位怀着龙子的美人随同赵王王宫的人一起被关押。于是，她将自己怀了刘邦孩子的事报告了狱吏。狱吏听说，不敢怠慢，立即上报高祖刘邦。此时，刘邦正因为自己的女婿谋杀自己的嫌疑而生气，便没有理会这件事。这位怀孕的女人想通过吕后做工作，没想到吕后因为嫉妒她怀孕，根本不愿帮忙。这个女人又想通过吕后的宠臣审食其做工作，审食其虽然做了工作，但并未下大力气。所以，这位怀了龙子的女人一直被关押着，等到孩子一生下来，这个女人便因为恼怒而自杀了。

及贯高等谋反柏人事发觉，并逮治王，尽收捕王母兄弟美人，系之河内。厉王母亦系，告吏曰：『得幸上，有身。』吏以闻上，上方怒赵王，未理厉王母。厉王母弟赵兼因辟阳侯言吕后，吕后妒，弗肯白，辟阳侯不强争。及厉王母已生厉王，恚，即自杀。——《史记·淮南衡山列传》

美人自杀后，管理狱案的官员不敢怠慢，立即将这位小皇子送到京城。此时刘邦的气已经消了很多，听说生了个儿子，心中很后悔，亲自交代让吕后抚养，并在美人的故乡真定安葬了刘长的生母。

这个命大的儿子，就是刘邦的第七子刘长。

高祖十一年 <small>(前196)</small>，刘长两岁，刘邦平定黥布叛乱之后，便将黥布的封地转封刘长。这就是历史上的淮南王刘长。

吏奉厉王诣上，上悔，令吕后母之，而葬厉王母真定。真定，厉王母之家在焉，父世县也。——《史记·淮南衡山列传》

淮南王刘长一直随吕后长大，因此，和惠帝刘盈、吕后的关系非常亲密。惠帝执政和吕后称制的这段时间，淮南王刘长是唯一没有受到吕后迫害的皇子。在刘邦诸皇子中，刘长的命运是最为独特的。

此事说明吕后并非全无人性，俗称"虎毒不食子"。吕后残忍地杀害了高祖刘邦的三个皇子，还杀了燕王的儿子。但是，她没有杀害由她抚养成人的淮南王刘长。同为刘邦的皇子，命运却迥然不同！

吕后在"最后的疯狂"中残杀了两位皇子、一位皇孙，其实，吕后在此时大开杀戒，心中还深藏着一个不可告人的目的；那么，这一不可告人的目的究竟是什么呢？

高祖十一年七月，淮南王黥布反，立子长为淮南王，王黥布故地，凡四郡。上自将兵击灭布，厉王遂即位。厉王蚤失母，常附吕后，孝惠、吕后时以故得幸无患害。——《史记·淮南衡山列传》

请看：大封诸吕。

大封诸吕

〈八〉

吕后在高后七年疯狂地大开杀戒，杀了刘邦的两位皇子一位皇孙。吕后懂得权力在现实中的威力，但是，吕后却不懂得滥用权力会对身后造成巨大的伤害。利用一时的生杀大权肆意妄为，大杀刘姓诸王，难道不会引起皇族派的激烈反对吗？大杀刘邦子孙会不会在功臣派中引发一场巨大的地震？既然如此，吕后为什么还要这样做？大杀刘姓诸王的背后究竟隐藏着怎样的玄机呢？

枪杆子必须得抓牢

朱元璋立长子朱标当了太子之后，有一天，朱元璋拿了一个长满刺的树枝递给朱标，朱标看了看树枝上布满的刺，犹犹豫豫不敢接。朱元璋笑了笑说，我把这上面的刺一个一个给你剔掉，你敢接了吧？朱标点点头。

朱元璋与太子朱标的这番话意味深长，这一个个的刺指的就是明代的开国功臣。后来，朱元璋果然把开国功臣一个一个全杀掉了。但是，非常可惜。当朱元璋把树枝上的刺都剔完之后，太子朱标竟然病死了，到底还是没有接手朱元璋给他剔完刺的树枝。

历史真是无独有偶。

当吕后将开国功臣韩信、彭越一个一个除掉，又将当年曾经威胁太子之位的赵王刘如意也除掉之后，已经当上皇帝的惠帝刘盈竟然二十三岁早逝了。

惠帝刘盈的去世，使吕后真切地感受到了孤独。

惠帝是吕后亲独子，是吕后生命的延续，是她掌握政权的希望。吕后杀功臣、诛皇子、虐戚姬，丧尽天良，为的就是让惠帝平稳执政。但是，当她把这一切都做完了，惠帝却死了，她能不伤心吗？

更何况她是老年丧子啊！成了失独族！

丧夫、丧子，让吕后所有的希望，所有的努力都枉费了，作为一个女人，一个母亲，她该多悲痛？可她却在为惠帝发丧时哭而不泣，只哭而不流泪，这是干号啊。这究竟是为什么呢？

谁发现了吕后的这个秘密呢？

侍中（皇帝侍从官）张辟强发现了吕后的这一秘密。张辟强是张良的儿子，此时仅有十五岁。

张辟强悄悄地对时任丞相的陈平说："太后只有惠帝一个儿子，如今儿子死了，她却哭不出泪来，你知道这是为什么吗？"

陈平说："怎么回事？"

张辟强说："惠帝死得太早，没有成年的儿子，太后担心你们这帮老臣不会甘心侍奉又一个少主。"

陈平问："这该怎么办呢？"

张辟强说，您现在奏请太后两件事：

第一，让吕产、吕禄统领南军、北军。

第二，让诸吕进宫，掌握宫中之事。

这样，太后心里就踏实了，你们这些大臣也就可以免于被太后猜忌杀戮的灾难了。

吕产、吕禄都是吕后的侄子。吕产是长兄吕泽的儿子，吕禄是次兄吕释之的儿子。

陈平听完张辟强的话，马上表示同意，而且立即进宫向太后建议：让吕产、吕禄掌握南军、北军，让诸吕进宫掌宫中之事。

吕后闻言，自然是喜出望外。等到吕后的侄子

七年秋八月戊寅，孝惠帝崩。发丧，太后哭，泣不下。——《史记·吕太后本纪》

留侯子张辟强为侍中，年十五，谓丞相曰："太后独有孝惠，今崩，哭不悲，君知其解乎？"丞相曰："何解？"辟强曰："帝毋壮子，太后畏君等。"——《史记·吕太后本纪》

君今请拜吕台、吕产、吕禄为将，将兵居南北军，及诸吕皆入宫，居中用事，如此则太后心安，君等幸得脱祸矣。——《史记·吕太后本纪》

吕禄掌握了北军，吕产掌握了南军，吕后哭祭惠帝时，伤心的泪水才落了下来，但是，吕氏对朝中大权的绝对控制却从此时开始了。

司马迁在记述这一事件之时，特地写上"吕氏权由此起"一句，绝非虚言。

因为张辟强这个主意的要害是谋身不谋国，安吕不安刘。

南军、北军是汉代保卫京城的两支国防军。南军驻守城南，北军驻守城北，主要任务是护卫京城。而且北军的力量比南军更强。

谁要是掌握了汉代京城的南军、北军，谁就等于掌握了京城的兵权。在此之前，汉代京城的南军、北军一直在太尉周勃的掌控之中。

张辟强的意见被接纳执行，吕后彻底控制了京城地区的军权，吕后从此对政权的控制得到极大的加强。

从此，汉代军权全部落入吕氏手中。

陈平难道不知道京城南、北二军的重要性吗？他为什么要这样做呢？

陈平此举，在于自保。

自保对于陈平来说是由来已久的。刘邦病重之际，善于自全的陈平已经在考虑刘邦身后自家的安全了。

一是不执行刘邦"平至军中即斩哙头"的诏令。

二是不执行吕后让陈平、灌婴屯兵荥阳的诏令。

> 丞相乃如辟强计。太后说，其哭乃哀。吕氏权由此起。——《史记·吕太后本纪》

陈平不执行第一道诏令是刘邦所下。刘邦临终突然要杀樊哙，是听说樊哙要在自己病逝之后拟杀戚夫人和爱子赵王刘如意。陈平为了给刘邦病故后吕后执政预留后路，没有执行刘邦的必杀令，以免因为执行高祖命令杀了樊哙，而与樊哙的夫人、吕后的妹妹吕媭结仇。

吕媭是吕后的亲妹妹，陈平这次奉诏诛杀樊哙虽然是奉了刘邦的诏令，但是，刘邦一旦去世，吕后肯定是实际的执政者。杀了樊哙，吕媭岂能善罢甘休？因此，他只押解樊哙回京，而不执行就地处决的命令。樊哙杀不杀，让刘邦自己定，自己决不手沾鲜血。事实证明陈平的这个决定对他自保极为有利。

吕媭因为陈平为刘邦出谋抓捕樊哙，在刘邦去世之后，多次在姐姐吕后的面前诋毁陈平，身为丞相，不管国事，整天喝酒玩儿女人。陈平听说后，变本加厉。吕后听说，心中暗喜，她心中实在不想让陈平多管事。刘邦去世后陈平已经为自己预留了后路，吕媭的话吕后始终未听。反而当着吕媭的面对陈平说，老娘们儿的话不能听。你看我怎么对你？不要担心吕媭说你的坏话。

陈平不执行的第二道诏令是吕后让他与灌婴在荥阳驻防。刘邦下世，吕后担心关东有变，下令回京的陈平与灌婴一道驻防荥阳。灌婴忠实执行了吕后的旨令，可是陈平担心在外带兵易受吕媭谗毁，因此，他接受吕后让他率兵驻守荥阳的诏令后，并没有和灌婴一样到荥阳驻防，而

吕媭常以前陈平为高帝谋执樊哙，数谗曰："陈平为相非治事，日饮醇酒，戏妇女。"陈平闻，日益甚。吕太后闻之，私独喜。面质吕媭于陈平曰："鄙语曰：'儿妇人口不可用。'顾君与我何如耳。无畏吕媭之谗也。"——《史记·陈丞相世家》

是星夜赶回京城宫中，到刘邦的灵前哭灵。由于陈平哭灵哭得十分伤心，连吕后都大受感动。陈平哭祭完毕，吕后让他回家休息。陈平仍然担心自己一旦出宫会遭人谗毁，因此，他要求留在宫中任职。吕后改变初衷，任命陈平为郎中令，辅佐惠帝。这以后，吕嬃对陈平的诋毁才未得逞。

陈平在刘邦弥留、去世之后的这些作为，让人们看到了陈平"保全自己高于一切"的行事原则。

陈平的"自全至上"使他在政权交替之际保全了自己，但是，这个处事原则也使得吕后在自己执政期间能够肆无忌惮地攫取权力。

攫取了京城军权的吕后还会做什么呢？她的目的难道仅仅是为了夺取军权吗？

总有人会挺身而出的

吕后的两个侄子掌握了京城军权之后，吕后就想封她的几个侄子做王，这才是吕后疯狂迫害刘邦子孙的真正原因。但是，这件事在汉代可不是一件小事。

因为刘邦晚年曾经与诸大臣有一个"白马盟誓"。其中心内容是非刘氏者不得王。

这对吕后是一个紧箍咒！

吕后首先试探大臣的口风，看看此事有多大阻力。

平行闻高帝崩，平恐吕太后及吕嬃谗怒，乃驰传先去。逢使者诏平与灌婴屯于荥阳。平受诏，立复驰至宫，哭甚哀，因奏事丧前。吕太后哀之，曰："君劳，出休矣。"平畏谗之就，因固请得宿卫中。太后乃以为郎中令，曰："傅教孝惠。"是后吕嬃谗乃不得行。

——《史记·陈丞相世家》

她先问当时的右丞相王陵。王陵是刘邦临终前特意交代的丞相人选，此人是刘邦家乡沛县的豪强。刘邦反秦起兵之前，对王陵像对待自己的兄长一样。刘邦起兵之后，王陵也聚集了几千人，占了南阳。一直到刘邦被封为汉王后，与项羽在南阳决战，王陵才投靠了刘邦。

项羽因此抓了王陵的母亲，王陵派使者向项羽交涉。项羽让王陵的母亲坐在面向东的尊位上，表示自己没有虐待陵母，想让陵母招王陵背汉归楚。陵母在私下送别使者时说："替我告诉我儿，好好跟随汉王，汉王是个长者，不要因为我在楚军军营中而胸怀二心。我以死送别使者。"说完夺剑自杀。从此，王陵忠心耿耿地跟随刘邦。

而且，王陵这个人，是个直筒子，说话从不拐弯抹角。

所以，吕后一问他诸吕封王之事，王陵马上回答："高皇帝刑白马盟誓，不姓刘而封王，天下人可以共同击灭他。现在要封吕姓为王，不符合高皇帝的'白马之盟'。"

吕后听完后，又问左丞相陈平和太尉周勃。

陈平、周勃回答道："高皇帝平定天下，所以，分封刘姓皇子；如今太后称制，分封吕姓子侄，没有什么不合适。"

太后称制，议欲立诸吕为王，问右丞相王陵。王陵曰："高帝刑白马盟曰'非刘氏而王，天下共击之'。今王吕氏，非约也"。太后不说。问左丞相陈平、绛侯周勃。勃等对曰："高帝定天下，王子弟，今太后称制，王昆弟诸吕，无所不可。"——《史记·吕太后本纪》

吕后一听，大喜过望。

退朝之后，王陵责备陈平、周勃："当年和高皇帝歃血为盟的时候，你们不都在场吗？如今高皇帝去世，太后想封诸吕为王，你们为什么迎合太后、违背'白马之盟'呢？你们这样做，将来有何脸面在地下拜见高皇帝呢？"

陈平、周勃回答说："今天在朝堂上当面顶撞吕后，我们确实不如你；但是，最终安定社稷，安定刘姓江山你不如我们。"

王陵听了他俩的辩解，什么也没说。

王陵抵制吕后分封诸吕一事不可能取得成功，但是，他的行为使吕后在分封诸吕时不得不有很大的顾忌。王陵牺牲了自己的仕途，但是，王陵代表了功臣元老派对吕后扩大外戚派势力的一股重要遏制力量。

陈平、周勃迎合吕后以求自保，极大地助长了吕后的势力。

王陵抵制吕后分封吕姓为王，使吕后非常恼怒。于是，她假称皇帝需要太傅，将王陵调任为"前少帝"的太傅，实际上是不用王陵了。

王陵当然明白自己"升官"的理由，干脆请病假不再上朝，七年之后病死了。

吕后罢了右丞相王陵的官，便把迎合她的

罢朝。王陵让陈平、绛侯曰："始与高帝喋血盟，诸君不在邪？今高帝崩，太后女主，欲王吕氏，诸君从欲阿意背约，何面目见高帝地下？"
——《史记·吕太后本纪》

陈平、绛侯曰："于今面折廷争，臣不如君；夫全社稷，定刘氏之后，君亦不如臣。"王陵无以应之。
——《史记·吕太后本纪》

吕太后怒，乃详迁陵为帝太傅，实不用陵。
——《史记·陈丞相世家》

陈平由左丞相升为右丞相，并正式任命她的幸臣审食其任左丞相。

我有我的玩法

掌握了京城的军权，排除了妨碍自己大封诸吕的最大障碍右丞相王陵，吕后直接大封诸吕了吗？

没有。吕后首先要做的是安抚刘氏皇族派和功臣元老派。

她怎么安抚这两派呢？

投石问路。她首先封她已故的长兄吕泽为悼武王。吕泽在高祖八年 ^(前199) 已经去世，吕后认为，封一个死人为王，阻力不会太大。但是，封一个吕姓王可以试探出其他两派的态度。

在吕后的高压之下，吕后封其长兄为王一事果然风平浪静，没有引起功臣派的激烈反抗。

再封异姓王张敖。接着，吕后封自己的女婿张敖为鲁王。这是吕后封的又一位非刘姓诸侯王。这位异姓王是刘邦的女婿，这种特殊性可以封住皇族派与功臣派的嘴。但是，这仍然是松动刘邦"非刘不王"的原则。

为了减少阻力，吕后又封了几位功臣为侯，借此安抚功臣元老派。

吕后封异姓为王，最不满意的是刘姓皇族派，因此，安抚刘姓皇族势在必行。吕后为此办了两件事。

一是封已故齐王刘肥的儿子刘章为朱虚侯，还将自己的侄子吕禄的女儿许配给刘章为妻。

二是封惠帝刘盈的五位"后宫子"为两王三侯。

完成这些分封后，开始着手分封吕姓诸王。

高后元年（前187），吕后先暗示大臣，让大臣们上奏，封他的侄子吕台为吕王，割齐国的济南郡为吕国。这是第一位在世的吕姓诸侯王。但是，非常不幸，当年十一月，第一位吕姓王吕王台病死，只得由他的世子吕嘉继任为王。

高后六年（前182），吕王嘉骄横不法，吕后将他废掉；立吕王台的弟弟吕产（长兄吕泽之子）为吕王。

太后风大臣，大臣请立郦侯吕台为吕王，太后许之。

——《史记·吕太后本纪》

高后七年（前181），在赵王刘友、刘恢相继死后，陈平建议：封吕禄为赵王。三任赵王的血铺就了吕禄被封赵王之路。

同一年，吕王产在梁王刘恢移封赵王后，被封为梁王。

这一年，燕王刘建死，他的一个妃嫔生的儿子被吕后杀死，并以无子为名除国。吕后封吕台之子吕通（吕后侄孙）为燕王。

除了已经故去的吕王吕台，存世的吕姓王有梁王吕产、赵王吕禄、燕王吕通三位吕姓诸侯王。

同时，吕后还封了六位吕姓诸侯。

六年十月，太后曰吕王嘉居处骄恣，废之，以肃王台弟吕产为吕王。

——《史记·吕太后本纪》

附：吕氏诸王表

		子吕台　郦侯	吕王 — 子吕通　燕王
长兄吕泽	周吕侯		
		子吕产　交侯	梁王
次兄吕释之	建成侯 — 子吕禄　胡陵侯	赵王	

吕后大封诸吕与刘邦"非刘氏者不得王"的白马盟约大相径庭，特别是以诛杀高祖三子一孙为代价分封三吕王，对刘姓皇族的伤害最大。既然如此，刘姓皇族派难道就没有一点儿反应吗？刘邦的后代都那么窝囊吗？刘姓皇族中连一位血性男儿都没有吗？

我有我的智慧

朱虚侯刘章是齐王刘肥的次子，高后二年（前186），吕后将刘章调入京城，充当皇帝的警卫，并封他为朱虚侯，还把吕禄的女儿嫁给他为妻。

高后六年（前182），又封刘章的弟弟刘兴居为东牟侯。

吕后加封刘章、刘兴居兄弟有祖母对孙子喜爱的一面，但更多的是拉拢刘姓皇族。齐王刘襄是高祖刘邦的长孙，是刘姓宗族中势力最大的诸侯王，也是受害最深的诸侯王。而且，刘襄、刘章、刘兴居三兄弟都非常能干，是"皇三代"中的佼佼者。因此，吕后先后加封刘章、刘兴居兄弟，对齐王加以笼络。

但是，刘章对吕氏的专权并不满意，原因在于吕后的专权跋扈导致连续发生了三件事：

第一件事，高后七年（前181）一月，赵王刘友被吕后召入朝，饿死在赵王在京城的官邸之中。

第二件事，高后七年二月，梁王刘恢被移封为赵王，六月因吕氏王后专制而被迫自杀。

第三件事，高后七年九月，燕王刘建死，其嫔妃生子被杀，国除。

哥哥刘襄的封地接连被夺，两个死去的赵王都是刘章的叔叔。刘章非常不满，"忿刘氏不得职"。

"刘氏不得职"意即刘姓皇族不能在位掌权。

高后七年，刘章参加吕太后举行的酒宴。刘章自请当酒宴上的行令官。他说："我是将门之后，请准许我以军法行酒令。"吕后随口答应说："可以。"

酒宴进行中，刘章向吕后敬了酒，并提出要唱一首《耕田》歌，吕后一向是拿刘章像小孩子一样对待，因此，开玩笑说："你父亲知道种田之事，你生下来就是王者之子，你怎么会知道耕田呢？"刘章回答："我确实知道。"吕后说："那你唱给我听听。"

刘章唱道："种田要深耕密植，等到定苗时就要分布合理；凡不是自己种的，都要锄掉。"

刘章唱的这首《耕田》歌，明显含有深意：多生

尝入侍高后燕饮，高后令朱虚侯刘章为酒吏。章自请曰：『臣，将种也，请得以军法行酒。』高后曰：『可。』」——《史记·齐悼惠王世家》

深耕穊种，立苗欲疏；非其种者，锄而去之。——《史记·齐悼惠王世家》

酒酣，章进饮歌舞。已而曰：『请为太后言耕田歌。』高后儿子畜之，笑曰：『顾而父知田耳。若生而为王子，安知田乎？』章曰：『臣知之。』太后曰：『试为我言田。』——《史记·齐悼惠王世家》

了孙，分到各地为土；不是刘姓者，都要除掉。

吕后听了刘章唱的这首歌，竟然沉默不言（默然），没有加罪刘章。

过了一会儿，一位吕姓客人大概喝多了，想逃席；刘章追上去，拔剑杀了这位吕姓逃席者。刘章杀了吕姓人，回来向吕后禀报：有一个逃酒之人，我已经按军法杀了。

吕后身边的人都大吃一惊。

但是，吕后在酒宴开始时已经答应刘章按军法行酒令，所以，她并没有惩罚刘章。这事一出，吕氏全族都害怕朱虚侯，大臣们也对朱虚侯刮目相看。

顷之，诸吕有一人醉，亡酒，章追，拔剑斩之而还，报曰：『有亡酒一人，臣谨行法斩之。』太后左右皆大惊。业已许其军法，无以罪也。因罢。自是之后，诸吕惮朱虚侯，虽大臣皆依朱虚侯。——《史记·齐悼惠王世家》

刘章在这次酒宴上的表现，使外戚派感到害怕，功臣派非常欣赏，皇族派士气大振。这一年，刘章刚刚二十岁，血气方刚。

吕后为什么对刘章的讽刺、杀吕氏逃席人如此宽容呢？

根本原因在于刘章娶了吕禄的女儿做妻子，吕禄是吕后侄孙中最受吕后宠爱的人。

刘章是吕后非常欣赏的年青一代皇族，从辈分上看，他是吕后的孙子。刘章由于吕后的赏识封了侯，又调到京城担任皇宫侍卫。在当时诸多刘姓皇族中，刘章是非常幸运的。但是，刘章仍然对刘姓皇族的现状不满。可见，对刘姓皇族现状不满的人非常之多，这种不满是吕氏外戚派处境不佳的真实写照。

暗流汹涌

在刘氏皇族对吕后大封诸吕耿耿于怀之时，功臣派也有异动。《史记·郦生陆贾列传》记载了陆贾弥合陈平、周勃关系一事，并认为此事成为陈平、周勃联手灭吕的前奏。

此事大致是：

吕后专政之时，大封诸吕为王，诸吕擅权。右丞相陈平担心自己阻挡不了，再给自己惹来麻烦。因此，常常一人独居思索。

有一天，陆贾前来拜访，一直进到屋里，陈平正专心思考，竟然没有发现陆贾进来。陆贾开玩笑地说："想啥事这么专心？"陈平回答："你猜猜我想啥。"陆贾说："你贵为右丞相，位居列侯，食邑三万户，可以说是富贵已经到了顶点。你还有啥可忧虑的？要有忧虑也不过是忧虑诸吕和少主呗。"陈平说："是的。那该怎么办？"

陆贾回答："天下安定，人们的眼睛盯着丞相。天下危险，人们的眼睛盯着将军。将相一心，那么士人会全心归附。天下即使有变故，权力也不会

吕太后时，王诸吕，诸吕擅权，欲劫少主，危刘氏。右丞相陈平患之，力不能争，恐祸及己，常燕居深念。——《史记·郦生陆贾列传》

陆生往请，直入坐，而陈丞相方深念，不时见陆生。陆生曰："何念之深也？"陈平曰："生揣我何念？"陆生曰："足下位为上相，食三万户侯，可谓极富贵无欲矣。然有忧念，不过患诸吕、少主耳。"陈平曰："然。为之奈何？"——《史记·郦生陆贾列传》

分散。整个国家都在将相的掌握之中。我常想和太尉周勃讲讲这个道理，周勃老是和我开玩笑，不重视我的话。"

于是，陆贾为陈平出了几个主意。陈平采纳了陆贾的建议，拿出五百金献给周勃，并准备了精彩的歌舞和丰盛的酒宴招待周勃。周勃也以同等的礼节回报陈平，两人于是频繁往来。

陈平准备了一百位奴婢，五十辆车马，五百万钱，赠给陆贾作为餐饮费。陆贾因此周游于公卿大臣之间，名声极大。在诛灭诸吕，立汉文帝的过程中，陆贾也出了大力。

《史记·郦生陆贾列传》的这段记载成为吕后专权之时，陈平预谋消灭诸吕的重要文献，由此可以看出吕后大封诸吕带来的严重后果。

吕后大封诸吕，让吕产、吕禄掌管南、北二军，吕产做相国，可以说军政大权尽归吕氏，如此周密的安排是否可以保证吕氏宗族的长治久安呢？

《史记·郦生陆贾列传》中有关太尉周勃和右丞相陈平交往一事在《吕太后本纪》《孝文本纪》《陈丞相世家》《绛侯周勃世家》中都

为陈平画吕氏数事。陈平用其计，乃以五百金为绛侯寿，厚具乐饮；太尉亦报如之。此两人深相结。——《史记·郦生陆贾列传》

陆生曰：「天下安，注意相；天下危，注意将。将相和调，则士务附；士务附，天下虽有变，即权不分。为社稷计，在两君掌握耳。臣常欲谓太尉绛侯，绛侯与我戏，易吾言。君何不交欢太尉，深相结？」——《史记·郦生陆贾列传》

陈平乃以奴婢百人，车马五十乘，钱五百万，遗陆生为饮食费。陆生以此游汉廷公卿间，名声藉甚。及诛诸吕，立孝文帝，陆生颇有力焉。——《史记·郦生陆贾列传》

没有记载，记载此事的只有《史记·郦生陆贾列传》。文帝即位之后，重赏了周勃、陈平，也没有提及陆贾。如果确有此事的话，理应得到文帝的重赏；至少周勃、陈平会重谢陆贾。因此，笔者怀疑《史记·郦生陆贾列传》的这段材料是否真实。

第一，功臣派反应相对温和。吕后专权，大封诸吕，刘姓皇族是最大的受害者。因此，刘姓皇族率先做出反应是符合逻辑的。元老重臣虽然也受到一定的伤害，但那是间接的。刘邦死后，吕后用的大臣是刘邦临终前交代的萧何、曹参、王陵、陈平、周勃；并没有立即伤害到元老重臣。直至吕后专权的后期，吕后才任命吕产为相国，位居陈平之上。汉代的丞相设左右二人，右丞相的地位高于左丞相。相国一人，位在左右丞相之上。

吕产、吕禄分掌南军、北军，架空了太尉周勃，自然也引发了周勃的不满。但是，比起皇族派的三赵王被杀，这个伤害小多了。因此，功臣派的反应相对较为温和。

因此，陈平主动交往周勃为诛杀诸吕做准备的可能性不大。

第二，陈平难以顾及皇权。陈平一生私心极重，多为自己打算。吕后专权的开始，即是由于他为自保而迎合吕后封诸吕为王所致。因此，他不可能为皇帝姓刘还是姓吕而过多思虑。对他来说，不管皇帝姓刘还是姓吕，只要自己能任丞相，能掌大权即可。如此自私的丞相，哪有闲心去考虑皇帝姓刘姓吕？换句话说，陈平是一位精明的职业经理，"老板"姓吕或姓刘与他关系并不大。因为不论"老板"姓刘还是姓吕，他都不是"老板"。

从文献记载与逻辑分析两方面看，这段史料都难以成立。因此，这段史料不大可能成为功臣派为诛杀诸吕有预谋的例证。

虽然没有文献表明功臣派在吕后擅权时期的反应，但是，功臣派对吕氏一党的跋扈相当不满，应当属实。

吕后杀功臣、诛皇子、封诸吕，把一个好端端的朝廷搞得乌烟瘴气。这么一位专横凶残的"女皇"，又会怎么处理与邻国的关系呢？

请看：和亲匈奴。

惠帝六年（前192），独揽皇权、志得意满的吕太后突然接到匈奴单于冒顿（mò dú）的一封求婚书，称自己独居，吕后寡居，愿与吕后结为百年之好（陛下独立，孤偾独处。两主不乐，无以自虞，愿以所有，易其所无。——《汉书·匈奴传》）。吕后见信，勃然大怒，她哪里受过这种气呢！吕后的大怒引发了朝廷重臣一边倒的出兵呼声。那么，这位出言不逊的匈奴冒顿单于又是谁呢？他为什么敢如此公开挑衅大汉王朝的吕后呢？

和亲匈奴

冒顿·单于之位没商量

说起这位出言不逊的匈奴单于冒顿，他可是一位大名鼎鼎的人物。

冒顿单于原是头曼单于的太子，头曼单于在世之时，正是秦朝的鼎盛期。后来，头曼单于又有了一位宠爱的阏氏 (yān zhǐ)，这位被宠的阏氏生了一个儿子。头曼单于由于喜爱这位阏氏，也非常喜爱这位小儿子，于是，头曼单于便产生了废立太子之心。

但是，废立太子一事又没有合适的借口。最终，头曼单于想出了一种办法，先把冒顿太子送到月氏国做人质，然后率兵攻打月氏，月氏国因恼怒而要杀死人质冒顿。但是，冒顿竟然奇迹般地偷了一匹良马逃出了月氏国。头曼单于因此认为冒顿勇武异常，便让他带领了一万骑兵。

有了兵权，冒顿便造了一种射出之后能发出响亮叫声的箭 (鸣镝)，他训练他的骑兵说："凡是响箭所射的目标，谁不射，就杀谁 (冒顿乃作鸣镝，习勒其骑射。令曰：鸣镝所射而不悉射者斩)。"

下达了这道死命令后，冒顿打猎时射出了第一支响箭，有人没有反应过来，没有跟着他的响箭开弓，于是冒顿将没有随从自己射箭者一律处死。第二次，冒顿突然用响箭射自己的战马，有的骑从犹犹豫豫而不敢

单于有太子，名日冒顿。后有爱阏氏，生少子，头曼欲废冒顿而立少子。——《汉书·匈奴传》

冒顿既质，而头曼急击月氏。月氏欲杀冒顿，冒顿盗其善马，骑亡归。头曼以为壮，令将万骑。——《汉书·匈奴传》

射，冒顿于是将未能射箭的射手一律处死。第三次，冒顿忽然用响箭射自己的爱妾，有的射手犹豫不决，冒顿将未能出箭的骑手再次处死。第四次，冒顿在打猎时，突然向单于的宝马射箭，他手下的骑从毫不犹豫地一齐射向单于的宝马。到了这个时候，冒顿知道自己的骑兵训练成功了。

不久，头曼单于外出打猎，冒顿随他一块儿打猎。突然，冒顿把自己的响箭射向自己的父亲头曼单于，他手下的骑兵随着一声响箭万箭齐发，头曼单于当即被自己的儿子冒顿射成了刺猬。接下来，冒顿一鼓作气，杀死了自己的继母和继母所生的与自己同父异母的弟弟，杀死了不顺从他的大臣，自封为单于。

这就是历史上大名鼎鼎的冒顿单于。

冒顿单于即位之时，它的邻国东胡非常强盛。东胡听说冒顿杀父自立，便派使者来索取头曼单于的千里马。冒顿询问群臣，大臣们都说："千里马是匈奴的宝马，不能给东胡。"冒顿却说："为什么和邻国人相处要吝啬一匹马呢？"于是，冒顿便将头曼的千里马送给了东胡。

东胡王这么轻易地得到头曼单于的千里马，便认为冒顿软弱可欺，于是又索要冒顿单于的阏氏。阏氏是匈奴单于的妻子，不过匈奴单于的阏

行猎兽，有不射鸣镝所射辄斩之。已而，冒顿以鸣镝自射善马，左右或莫敢射，冒顿立斩之。居顷之，复以鸣镝自射其爱妻，左右或颇恐，不敢射，复斩之。顷之，冒顿出猎，以鸣镝射单于善马，左右皆射之。于是冒顿知其左右可用。
——《汉书·匈奴传》

从其父单于头曼猎，以鸣镝射头曼，其左右亦皆随鸣镝而射杀头曼，尽诛其后母与弟及大臣不听从者。于是冒顿自立为单于。
——《汉书·匈奴传》

时东胡强，闻冒顿杀父自立，乃使使谓冒顿曰："欲得头曼时号千里马。"冒顿问群臣，群臣皆曰："此匈奴宝马也，勿予。"冒顿曰："奈何与人邻国爱一马乎？"遂与之。
——《汉书·匈奴传》

氏住住不止一位。冒顿单于的大臣都愤怒地说："东胡太无礼了，竟敢索要阏氏！一定要教训他们。"冒顿说："为什么和邻国相处而吝啬一个女人呢？"于是就把自己最心爱的阏氏送给了东胡。

东胡王得到了冒顿单于心爱的阏氏，更加骄横。又向冒顿单于索要东胡与匈奴中间一块无人居住的土地。这块地相当大，有数千里，当时，匈奴和东胡各在自己的一方修筑有防御工事。冒顿询问诸位大臣，大臣中有人说："这是一块无人居住之地，给他也可以，不给他也可以。"冒顿单于勃然大怒说："土地是国家的根本，怎么能给他人？"立即将主张给东胡土地的大臣全部处死。

处死完主张放弃土地的大臣，冒顿单于跨上战马，下令说："谁敢落在后面，一律斩首。"于是，他率众突然奔袭东胡。东胡王因为前两次索要千里马、阏氏都非常顺利，因此，都看不起冒顿单于，也没有料到冒顿单于还有这么一手，满心以为这一次可以得到几千里的中间地带。面对冒顿的突然袭击，东胡立马乱作一团。这一仗，东胡王被杀，东胡的百姓、牲畜全部被冒顿俘虏，东胡国被冒顿所灭。

冒顿借此军威，大举向西进兵，赶走了自己的老对手月氏。又向南吞并了楼烦、白羊两个匈

顷之，东胡以为冒顿畏之，使使谓冒顿曰："欲得单于一阏氏。"冒顿复问左右，左右皆怒曰："东胡无道，乃求阏氏！请击之。"冒顿曰："奈何与人邻国爱一女子乎？"遂取所爱阏氏予东胡。——《汉书·匈奴传》

东胡王愈骄，西侵。与匈奴中间有弃地莫居千余里，各居其边为瓯脱。东胡使使谓冒顿曰："匈奴所与我界瓯脱外弃地，匈奴不能至也，吾欲有之。"冒顿问群臣，或曰："此弃地，予之。"于是，冒顿大怒曰："地者，国之本也，奈何予人！"诸言与者，皆斩之。——《汉书·匈奴传》

冒顿上马，令国中有后者斩，遂东袭击东胡。东胡初轻冒顿，不为备。及冒顿以兵至，大破灭东胡王，虏其民众，畜产。——《汉书·匈奴传》

奴部落，完成了整个匈奴的空前统一。并且，收复了秦始皇时期被秦将蒙恬夺走的匈奴土地，使匈奴与汉朝接壤。

冒顿统一了蒙古北部与贝加尔地区、准噶尔地区，进入塔里木与鄂尔多斯地区，后来的成吉思汗实际上是沿着当年冒顿的道路继续前进的。

当时，正值刘邦和项羽在荥阳对峙之时。冒顿单于率领的骑兵已达到三十多万，成为与中原汉族政权相抗衡的一个大国。

在冒顿单于的统领之下，匈奴得到了空前的大发展。国力空前强盛的匈奴会不会惦记上南方的汉帝国呢？

既归，西击走月氏，南并楼烦、白羊河南王，悉复收秦所使蒙恬所夺匈奴地者。——《汉书·匈奴传》

刘邦：我咋出来的你别问

汉二年（前205），刘邦为了与项羽争夺天下，曾封韩王信为韩王，建都阳翟（今河南禹州市）。刘邦称帝后，对韩王信占据韩地很不放心，便打算将他从中原腹地迁到汉帝国的北部边疆（今山西太原市一带），都晋阳（今山西太原市）。韩王信干脆要求再向北迁，定都马邑（今山西朔州市）。

高祖六年（前201），冒顿开始屡屡攻击迁都马邑的韩王信，韩王信没有力量抵抗匈奴的强大兵力，便向匈奴求和。刘邦知道这件事后，严厉谴责了韩王信。韩王信害怕刘邦惩罚他，干脆投降了匈奴。匈奴有了韩王信的帮助，大举南犯，一直攻到太原。

高祖七年（前200），刘邦亲率大军三十二万北征匈奴。当时，正是冬天，天寒地冻，虽然赶不上"二战"时期德军在莫斯科城外挨冻的惨状，但是，汉军士兵们有百分之二三十的人冻掉了指头。

冒顿假装败走，引诱汉兵。于是，刘邦亲率大军追击。冒顿将他的精兵隐蔽起来，露面的都是老弱士卒和瘦弱的牲畜。刘邦被冒顿的假象迷惑，紧追不舍，率先到达平城（今山西大同东北），但是，他的大队步兵在后面尚未到达。冒顿突然将他的四十万精兵全部放出来，把高祖刘邦团团包围在白登（今山西大同东北），整整七天七夜无法突围，后续到来的汉军也无法救援被围的刘邦。冒顿的骑兵十分强壮，白登四面是四种颜色马匹组成的军阵。

危急万分之时，陈平向高祖刘邦建议：游说匈奴单于的阏氏。于是，刘邦派使者携带重礼送给冒顿单于的阏氏。阏氏劝冒顿说，两国国君相互不为难。我们就是得了汉地最终也不能长期驻防，况且汉王也有神助，希望大王明察。但是，《史记》《汉书》等正史没有具

是时汉初定中国，徙韩王信于代，都马邑。匈奴大攻围马邑，韩王信降匈奴。匈奴得信，因引兵南逾句注，攻太原，至晋阳下。——《史记·匈奴列传》

高帝自将兵往击之。会冬大寒雨雪，卒之堕指者十二三。——《史记·匈奴列传》

于是冒顿佯败走，诱汉兵。冒顿匿其精兵，见其羸弱，于是汉悉兵，多步兵，三十二万，北逐之。高帝先至平城，步兵未尽到，冒顿纵精兵四十万骑围高帝于白登，七日，汉兵中外不得相救饷。——《史记·匈奴列传》

高帝乃使使间厚遗阏氏，阏氏乃谓冒顿曰：『两主不相困。今得汉地，而单于终非能居之也。且汉王亦有神，单于察之。』——《史记·匈奴列传》

体记载陈平这条奇计的具体内容是什么。据《史记集解》所引桓谭《新论》，陈平的奇计是利用匈奴阏氏的妒忌心，派使者向阏氏送上厚礼，说被围的刘邦已经派人到国中选送美女献给单于。一旦绝色美女献上来，单于一定会非常宠爱她。这样，您就会被疏远了。不如趁现在汉朝的美女还未到达，赶快劝单于放刘邦走。刘邦一走，也不会再向单于进献美女了，您的地位也就能够长期得到保持了。匈奴阏氏一听，非常有道理，立即劝冒顿单于说："你就是得到了汉朝的土地，咱们能长期驻防吗？何况汉王也有神灵保佑，希望你能好好想一想。"

冒顿这次出兵，原先和韩王信的部下商定好合击汉军，但是，韩王信的部下王黄、赵利的兵没来。冒顿怀疑他们和刘邦之间有阴谋，于是，听从了阏氏的话，在包围圈中让出一条通道，放刘邦一马。刘邦让士兵们个个把弓拉满，面向外，从匈奴让开的通道中缓缓撤出，与包围圈之外的汉军主力会合。冒顿单于在刘邦撤走之后，也率兵撤离。

冒顿与韩王信之将王黄、赵利期，而黄、利兵又不来，疑其与汉有谋，乃用阏氏之言，冒顿遂引兵而去。汉亦引兵而罢。——《史记·匈奴列传》于是高帝令士皆持满傅矢外乡，从解角直出，竟与大军合，而冒顿遂引兵而去。

刘邦：送"公主"是无奈啊

白登之围使刘邦吃了一个大亏，也使刘邦第一次领略到匈奴对汉朝的巨大威胁。冒顿单于常常带兵入侵代地，成为汉朝中央政府的一大隐患。

仅仅靠冒顿单于阏氏的枕边风，能够保持汉朝边地的长期安宁吗？究竟用什么办法才能解决这一威胁汉王朝生存的大难题呢？

万般无奈的刘邦，只好向他的手下刘敬问计。刘敬会提出什么锦囊妙计呢？

刘敬认为不能和匈奴硬打：

第一，士兵疲劳，不能动武。

汉兵刚刚打了三年反秦、四年灭项的战争，非常疲劳，无法再去应对兵强马壮的三十万匈奴强兵。

第二，民情特殊，不讲仁义。

匈奴冒顿杀父代立，而且他们的习俗是父死之后儿子可以把父亲年轻的妻子（阏氏）收为自己的妻子。因此，对匈奴也不能用仁义道德加以说服。

既不能动武，又不能用仁义说服，究竟该怎样对付冒顿呢？

刘敬认为：有一个可以长治久安的办法，但是，陛下恐怕不愿意。刘邦急忙说："只要能阻止匈奴入侵，有什么不能做到的事呢？"

刘敬说："陛下把嫡长公主下嫁单于，再送上厚礼。匈奴知道汉朝送去的是皇上的嫡生女儿，还有丰厚的礼物，他们必定会让嫡长公主当阏氏，生了儿子将来一定是太子，最终可以取代冒顿单于。因为他们贪恋汉朝的重礼，陛下可以年年送一些我们用不完的东西，同

天下初定，士卒罢于兵，未可以武服也。——《史记·刘敬叔孙通列传》

冒顿杀父代立，妻群母，以力为威，未可以仁义说也。——《史记·刘敬叔孙通列传》

"……独可以计久远子孙为臣耳，然恐陛下不能为。"上曰："诚可，何为不能！顾为奈何？"——《史记·刘敬叔孙通列传》

时，派出一些能言善辩的人向他们输送礼仪。冒顿在，他就是皇上的女婿，冒顿死了，你的外孙就是新单于，哪里有外孙和外祖父打仗这回事呢？这样，不用动武汉匈关系就可以得到改善。"

但是，和亲匈奴的一定要是皇上的嫡长女。如果匈奴知道嫁给单于的不是嫡长女，而是宗室之女，那他就不会真正和我们和解。刘邦一听，非常高兴，立即和吕后商量这件事。

吕后听说要将自己的独生女儿鲁元公主嫁给匈奴单于，立即哭哭啼啼，日日哭，夜夜闹，最终刘邦也没有下定决心让鲁元公主和亲，而是在宗室中找了一位姑娘，假称是长公主，嫁给单于，并派刘敬去匈奴缔结和亲之约。

和亲匈奴是汉初国力较弱无法与强大的匈奴进行正面战争的困境中采取的一项权宜之计，说它是性贿赂有些过度，但是，它确实有辱国格。

我们也要看到，汉初的和亲为汉朝赢得了宝贵的休养生息的机会，向匈奴展示了汉文化的魅力，为民族大融合打下了基础；汉朝

刘敬对曰：『陛下诚能以适长公主妻之，厚奉遗之，彼知汉适女送厚，蛮夷必慕以为阏氏，生子必为太子，代单于。何者？贪汉重币。陛下以岁时汉所余彼所鲜数问遗，因使辩士风谕以礼节。冒顿在，固为子婿；死，则外孙为单于。岂尝闻外孙敢与大父抗礼者哉？兵可无战以渐臣也。若陛下不能遣长公主，而令宗室及后宫诈称公主，彼亦知，不肯贵近，无益也。』高帝曰：『善。』欲遣长公主。——《史记·刘敬叔孙通列传》

吕后日夜泣，曰：『妾唯太子，一女，奈何弃之匈奴！』上竟不能遣长公主，而取家人子名为长公主，妻单于。使刘敬往结和亲约。——《史记·刘敬叔孙通列传》

的贡奉增加了匈奴对汉朝的经济依赖。所以，汉匈和亲对西汉初年的政权来说也有它积极的一面。

吕后：全当老娘没听懂

刘邦下世后，冒顿给吕后的来函，公然调戏贵为太后的吕雉。面对冒顿单于厚颜无耻的挑衅，吕后勃然大怒。朝中的大臣看见吕后动怒，纷纷顺着吕后的意向发言。樊哙最积极，干脆说自己只要带十万精兵就可以横扫匈奴。樊哙此时是上将军，在军中的地位非常高。当然，这和樊哙之妻是吕后的亲妹妹有关。

总之，朝中是一边倒的喊打声。

面对这一片喊打声，只有一个人头脑非常冷静。他说："樊哙应当立即斩首！当年高皇帝率领四十万（实为三十二万）大军攻打匈奴，被困于平城。现在樊哙凭什么说可以用十万军队横扫匈奴？这是当面欺君！当年秦朝曾下大气力对付匈奴，导致陈胜起兵，至今战争的创伤都没有恢复。如今，樊哙又当面逢迎主上，这是想动摇天下的根本。"

这一番话立即震动了整个朝廷！

这番话和吕后的意见完全相左！

这番话痛斥了上将军樊哙，而樊哙又是吕后最亲信的将领！

布曰：『哙可斩也！前陈豨反于代，汉兵三十二万，哙为上将军，时匈奴围高帝于平城，哙不能解围。天下歌之曰：「平城之下亦诚苦，七日不食，不能彀弩。」今歌吟之声未绝，伤痍者甫起，而哙欲摇动天下，妄言以十万众横行，是面谩也。且夷狄譬如禽兽，得其善言不足喜，恶言不足怒也。』——《汉书·匈奴传》

说这番话的这个人是谁？他为什么这么大胆？吕后会听从这个人的意见吗？

敢于力排众议在吕后面前讲出一番道理的人，是中郎将季布。

季布是谁？他有什么特殊身份呢？

季布原是项羽手下的一员猛将。在楚汉战争的战场上，季布曾经屡屡困辱刘邦。但是，季布在当时名气极大，特别是季布讲信用，当时人说："得黄金百斤，不如得季布一诺。"意思是说，季布说出的一句话，比金子还要贵重。"一诺千金"这一成语就出于此。

项羽自杀后，季布逃亡。刘邦一直惦记着这员屡屡困辱他的名将，下令悬赏千金要季布的人头，而且下令，谁敢藏匿季布，灭他的三族。

项籍使将兵，数窘汉王。及项羽灭，高祖购求布千金，敢有舍匿，罪及三族。——《史记·季布栾布列传》

季布先隐藏在濮阳一位周姓人家中，这位周先生说："政府通缉你非常紧，很快就会追查到我家来了。如果将军能听我的话，我就献一计。如果将军不愿听我的话，我愿意自杀表明我并非想出卖你。"季布答应了他，周先生剃光了季布的头发，项束铁圈，穿上粗布衣，打扮成一个被贩卖奴隶的模样，然后将季布放在一辆载重车上，和他自己家的奴仆在一起，到当时著名的侠客朱家家中去卖奴隶。

季布匿濮阳周氏。周氏曰：『汉购将军急，迹且至臣家，将军能听臣，臣敢献计。即不能，愿先自刭。』季布许之。乃髡钳季布，衣褐衣，置广柳车中，并与其家僮数十人，之鲁朱家所卖之。——《史记·季布栾布列传》

朱大侠心里非常清楚周先生卖给他的奴隶就是季布，但是，仍然将季布买了下来，安排季布到地里干活儿。但是，朱家对他的儿子说："这个奴仆干不干活儿，一定按他的意见办，千万不要勉强他。而且，吃饭的时候一定要和他同桌吃，决不能轻视他。"

朱家把这一切安排好了之后，便乘了一辆轻便的小车到洛阳来见刘邦最亲信的太仆夏侯婴（滕公）。夏侯婴一直为刘邦驾车，是刘邦的专用车夫，而且，夏侯婴还救过刘邦的儿子惠帝刘盈、女儿鲁元公主。此时，夏侯婴仍然官拜太仆。夏侯婴认识这位朱大侠，便留朱家住下来，热情款待了好几天。朱家看着机会成熟了，便对夏侯婴说："季布有什么大罪？皇上这么着急地要抓他。"夏侯婴说："季布多次为项羽困辱皇上，皇上很恨他，所以才下决心一定要抓到他。"

朱家问夏侯婴："你看季布是个什么样的人？"

夏侯婴说："是个贤士啊！"

朱家说："两主相争，各为其主。季布为项羽出力，那是他的职责。而且，项羽的部下能杀完吗？如今皇上刚刚得到天下，因为个人的私怨悬赏通缉一个人，这不显得皇上心胸太狭窄了吗？而且，像季布这样有才能的人，皇上如此紧急通缉，他不向北投奔匈奴，就会向南投奔南越。天下最忌讳的事就是让壮士去帮助敌国！您为什么不找个机会劝劝皇上呢？"

朱家乃乘轺车之洛阳，见汝阴侯滕公。滕公留朱家饮数日。因谓滕公曰："布何大罪，而上求之急也？"滕公曰："布数为项羽窘上，上怨之，故必欲得之。"——《史记·季布栾布列传》

朱家心知是季布，乃买而置之田。诚其子曰："田事听此奴，必与同食。"——《史记·季布栾布列传》

朱家曰："君视季布何如人也？"曰："贤者也。"朱家曰："臣各为其主用。季布为项籍用，职耳。项氏臣可尽诛邪？今上始得天下，独以己之私怨求一人，何示天下之不广也！且以季布之贤而汉求之急如此，此不北走胡即南走越耳。夫忌壮士以资敌国，此伍子胥所以鞭荆平王之墓也。君何不从容为上言邪？"——《史记·季布栾布列传》

夏侯婴知道朱家是一个大侠，并猜到季布一定藏在朱家家中，于是，他答应了这件事。

过了不久，夏侯婴按照朱家的说法说动了刘邦。刘邦下令赦免季布，并召见季布，任命他为郎中。

到了汉惠帝之时，季布官拜中郎将。

吕后、樊哙与朝中诸臣纷纷要求出兵攻打匈奴之时，季布非常清醒，他不顾自己曾在项羽手下任过大将的"历史问题"，毫不犹豫地站出来讲了自己的观点。

吕后听了季布的话，立即赞扬季布说得好，下令退朝，从此再不提出击匈奴一事。吕后心里不得不佩服季布说得有道理，但是，樊哙又是自己人，只好罢朝。

但是，如何答复匈奴冒顿单于的信呢？

吕后让大谒者张泽写了一封言辞谦恭的信，说："大单于没有忘记我们，专门给我们写了信，我们惶恐不安。仔细想一想，我已经年老体衰，头发、牙齿都脱落了，走起路来摇摇晃晃，单于还没有忘记我，实在令人感动。"并随信赠送了两辆车马。冒顿单于接到回信后，又派使者来，道歉说："我从未听到过中国的礼仪，陛下这次算是让我领教了。"于是，冒顿单于也献了马，作为答复，两家于是再次和亲。

吕后接纳了季布的正确意见，忍辱负重，维护

汝阴侯滕公心知朱家大侠，意季布匿其所，乃许曰：『诺。』待间，果言如朱家指。上乃赦季布。——《史记·季布栾布列传》

太后罢朝，遂不复议击匈奴事。——《史记·季布栾布列传》

令大谒者张泽报书曰：『单于不忘弊邑，赐之以书，弊邑恐惧。退而自图，年老气衰，发齿堕落，行步失度，单于过听，不足以自污。弊邑无罪，宜在见赦。窃有御车二乘，马二驷，以奉常驾。』冒顿得书，复使使来谢曰：『未尝闻中国礼义，陛下幸而赦之。』因献马，遂和亲。——《汉书·匈奴传》

了汉匈之间的和平，表现了她不同凡俗的政治家的眼光和气度。

这位在汉初宫廷斗争中残暴无比的女主，在处理汉朝和匈奴关系上却保持了少有的冷静，使汉匈关系继续保持了一种友好状态，这对西汉初年的休养生息十分有利。

但是，外交政策的正确无法掩盖吕后政治决策中的重大失误，一场迫在眉睫的政治决战正在酝酿之中。这究竟是一场什么样的政治决战呢？

请看：荡平诸吕。

吕后生前威风八面，临朝称制，惠帝去世之后，吕后大封诸吕，特别是让吕禄、吕产掌握了京城的军权。掌握了京城的军权，也就掌控了整个朝廷。但是，吕后刚刚去世两个月，吕氏就被灭族，这到底是怎么回事呢？

十

荡平诸吕

刘襄：我叮不像我爹

三月中，吕后被，还过轵道，见物如苍犬，据高后腋，忽弗复见。卜之，云赵王如意为祟。高后遂病掖伤。——《史记·吕太后本纪》

高后八年（前180）三月，吕后去祭祀除灾，回宫的途中，经过轵道亭（古亭名，今陕西西安市东北），一个好像苍狗的怪物，撞了吕后的腋下，然后就不见了。回宫一占卜，说是赵王刘如意作祟，于是，吕后的腋下因此落下了病。

七月中，高后病甚，乃令赵王吕禄为上将军，军北军；吕王产居南军。吕太后诫产、禄曰：「高帝已定天下，与大臣约，曰『非刘氏王者，天下共击之』。今吕氏王，大臣弗平。我即崩，帝年少，大臣恐为变。必据兵卫宫，慎毋送丧，毋为人所制。』」——《史记·吕太后本纪》

到了七月，吕后的病一天比一天沉重。她自知大限将尽，便任命赵王吕禄为上将军，统领北军，吕王吕产掌管南军。吕后咽气之前一再告诫吕禄、吕产：高皇帝平定天下后，和大臣们杀白马约定"非刘氏王者天下共击之"，如今吕氏为王，大臣们心里不平衡。如果我死了，皇帝年少，大臣们恐怕会有变故。你们一定要率兵守住皇宫，千万不要为我送葬，以免被人所制。

吕后临终前的交代非常严肃，她甚至不敢让自己的侄子因为送丧而离开军营。

事情真的有吕后估计的那么严重吗？这场惊天巨变会从哪里爆发呢？

吕后刚刚去世，在京城的朱虚侯刘章因为自己的妻子是吕禄的女儿，知道了吕后的临终安排。他捎信给他的哥哥齐王刘襄，让他以诛诸吕为名起兵西进，他和刘襄的另一个弟弟刘兴居在京城做内应，尽诛诸吕，再立齐王称帝。齐王刘襄得信后，于当年八月，率先准备起兵。此时，距吕后之死仅仅有一个月。

刘襄此举相当于秦末的陈胜、吴广起义，意义非常重大。

整个天下在吕后的控制下生活了十五年，虽然吕后作恶多端，在皇族派、功臣派中结怨甚深，但是，吕后刚死，余威犹存。诸吕掌权，起兵诛吕，即是引火烧身。一般人谁都不敢首举义旗。

刘襄此举揭开了族诛诸吕的序幕，天下反吕联盟才得以形成。

刘襄为什么要挑这个头呢？他想从中得到什么呢？

刘襄是齐王刘肥的长子。

刘肥是汉初同姓王中封地最大、势力最强的皇子，但是，刘肥却是一个窝囊废。刘肥郁郁而终后，他的长子刘襄即位为齐王。

高后二年 (前186)，吕后立其侄子郦侯吕台为吕王，割齐国济南郡为吕国的封地：一方面削弱了皇族派刘襄的封地，另一方面强化外戚派的势力。

这道命令是吕后下的，封的又是吕后的亲侄子吕产。吕产是吕后在朝中最倚重的吕氏集团重量级人物。刘襄不敢抗旨，但是，内心极为不满。齐国在刘邦最初分封诸子时面积最大，管辖七十多城。这块最肥的土地早就被吕后惦记上了，所以，才有接踵而至的割地

朱虚侯章以吕禄女为妇，知其谋，乃使人阴出告其兄齐王，欲令发兵西，朱虚侯、东牟侯为内应，以诛诸吕，因立齐王为帝。

——《史记·齐悼惠王世家》

封国。

刘肥不得已献了一个城阳郡，吕后封吕产为王时又割了一个济南郡，这已经使齐国损失了两个郡了。

高后七年 (前181)，吕后又封了一个非吕姓的琅邪王，割齐王刘襄的琅邪郡作为封国。这样，刘襄又损失了一个郡。

齐国从初封的六个郡变成了今天的三个郡，刘襄能愿意吗？

当时，刘氏皇族派的现状是个什么样子呢？

此时刘邦的儿子辈中只剩下代王刘恒和淮南王刘长，他们俩都有资格继承帝位。但是，代王刘恒没有任何动静，只是在边远的代地静静地观察时局，等待机会。淮南王刘长是吕后养大的，和吕后的感情很深，肯定不会有任何动静。

刘邦的孙子辈中多数年龄尚小，才气也不够。唯有齐王刘肥的三个儿子最为出色。

长子刘襄继位为齐王，刘襄的两个弟弟，一个是朱虚侯刘章 (高后二年封)，一个是东牟侯刘兴居 (高后六年封)。当时，他们都在京城做皇宫的侍卫官。

刘肥的这三个儿子个个英武，极有才干。

吕后一死，刘章首先给他哥哥刘襄报信，让他哥哥刘襄以诛诸吕为名起兵，成功以后拥戴他称帝，自己和刘兴居在京城做内应。

刘襄是刘肥之子，虽然其父刘肥是庶长子，但他是刘邦的长孙，同样享有继承皇位的资格。因此，刘襄、刘章的想法并非没有实现的可能——这是刘襄冒着巨大的风险率先起兵的真正原因。

刘襄得到刘章的密报，与他的舅舅驷钧等人商量，立即准备起兵。

但是，刘襄的起兵竟然遭到一个人的反对，就是这个人差一点儿毁了刘襄起兵。

这个人是谁？他为什么能够阻止刘襄起兵呢？

原来，汉朝建国后，在诸侯国都设立了国相，诸侯国的国相一律由中央政府任命，对中央政府负责，代表中央政府的利益，而且掌握诸侯国的军政大权。

反对刘襄起兵的正是齐国的国相召平。齐相召平得到刘襄准备起兵的消息后，立即派兵包围了刘襄的王府。这样，刘襄不但不能起兵，还差一点儿惹来一场大麻烦（齐相召平闻之乃发卒卫王宫）。

正在刘襄困窘之时，齐国的中尉魏勃拜见齐相召平。魏勃欺骗齐相召平说："齐王起兵，没有中央政府的调兵虎符，您包围齐王府是对的。我请您让我替您干完这活儿吧。"

魏勃官居中尉，本来就是负责齐国治安之事的，处理叛乱自然是他分内之事。

于是，召平相信了中尉魏勃的话，让他带兵去包围王宫。魏勃得到了兵权后，临阵倒戈，不但没有去包围王府，反而率兵包围了召平的相府。召平知道上当，大喊："道家说：'当断不断，反受其乱！'"但是，为时已晚，只好自杀而死。

刘襄起兵后，首先将吕后封王而失去的两个郡夺了回来，统一全齐，并立即昭告天下诸侯：

齐王既闻此计，乃与其舅父驷钧、郎中令祝午、中尉魏勃阴谋发兵。
——《史记·齐悼惠王世家》

魏勃绐召平曰："王欲发兵，非有汉虎符验也。而相君围王，固善。勃请为君将兵卫卫王。"召平信之，乃使魏勃将兵围王宫。勃既将兵，使围相府。召平曰："嗟乎！道家之言'当断不断，反受其乱'，乃是也。"遂自杀。
——《史记·齐悼惠王世家》

第一，自己是惠帝派张良所立的齐王。

第二，吕后擅自废立皇帝，杀三赵王，封三吕王。

第三，当今皇帝年幼要靠大臣、诸将来安定天下。

第四，我起兵的目的是要诛杀不应当封王的人（不当为王者）。

刘襄的这封起兵檄文写得非常巧妙：他没有直接提出诛杀诸吕，只是提出要除掉不当封王的人。谁不当封王？当然是非刘姓的吕姓诸侯王。

灌婴：功臣派要发声

刘襄起兵竖起了刘姓皇族派的反吕大旗，吕氏外戚派会做出什么反应呢？

相国吕产听说齐王刘襄起兵西进，命令大将军灌婴带兵东击齐军。

吕产面临齐王刘襄的起兵，自己绝对不敢离开京城，只能派他认为可靠的灌婴统领重兵，并加封灌婴为大将军。

这个决定让功臣派重臣的灌婴获得了兵权！

灌婴原是个卖布的商贩，跟随刘邦一块儿起兵反秦，屡立战功，荥阳会战初期成为刘邦组建的骑兵军团的司令。后来一直在韩信麾下攻灭魏、代、赵、燕、齐五国，战功卓著。最后率五千骑兵追杀项羽的就是他。韩信、彭越、黥布在世之时，灌婴并不抢眼，但是，当开国名将们

汉闻齐发兵而西，相国吕产乃遣大将军灌婴东击之。——《史记·齐悼惠王世家》

一个一个逝去后，占有年龄优势的灌婴的地位凸显出来了。而且，吕后擅权之时，灌婴没有任何举动，使得吕氏外戚派比较相信灌婴。所以，在得知齐王刘襄举兵的消息后，吕产就任命灌婴为大将军，统兵伐齐。

灌婴的立场绝对是站在功臣元老派一边的。

当时，功臣元老派最大的不满有两点：

一是刘邦的白马盟誓明确提出"非刘氏而王天下共击之"，吕后大封诸吕为王侯，明显违背了刘邦的生前之约。

二是汉初的功臣元老是追随刘邦打天下立有战功才得以拜官封侯的，诸吕为王为侯全凭外戚的身份而窃居高位。诸吕有权无功，元老重臣当然不服气。

吕后大杀功臣导致功臣派和吕后外戚派的尖锐冲突，这些矛盾，吕后在世时还处在隐性状态。一旦吕后去世，这些矛盾就迅速激化了。

灌婴虽然奉命率兵伐齐，但是，灌婴对吕氏专权心存不满，他认为：诸吕在关中拥有重兵，危及刘姓江山。如果我打败了齐兵，岂不是帮了诸吕的大忙吗？所以，灌婴带着重兵走到荥阳，就停了下来。而且，灌婴还派人和齐王刘襄联系，谋议共同反吕。齐王刘襄得到灌婴屯兵荥阳与自己联手的消息后，便屯兵于齐国西部边界，等待天下诸侯结盟。

灌婴至荥阳，乃谋曰："诸吕将兵居关中，欲危刘氏而自立。我今破齐还报，是益吕氏资也。"乃留兵屯荥阳，使使喻齐王及诸侯，与连和，以待吕氏之变而共诛之。齐王闻之，乃西取其故济南郡，亦屯兵于齐西界以待约。——《史记·齐悼惠王世家》

灌婴的荥阳倒戈和联齐伐吕太重要了：

第一，刘襄的起兵和灌婴的倒戈，形成了刘姓皇族派和功臣元老派联手讨伐诸吕的局面，对诸吕形成了巨大的外部压力。

第二，周勃、陈平在皇族派和功臣派联手的情况下才敢于在京城诛杀诸吕。

周勃、刘章：京城的活儿我俩包了

但是，真正要除掉诸吕，必须在朝中除掉掌握南军、北军的吕产、吕禄。怎么才能完成这个最为棘手的重任呢？

当时南军、北军在吕产、吕禄的掌握之中，即使是最高军事长官太尉周勃想要进入军营都不可能。

大将军吕禄是北军统帅，但是，吕禄和郦商的儿子郦寄关系非常好。郦商是刘邦的开国功臣，郦商的哥哥就是靠口水说服齐王降汉的郦食其，后来因为韩信发兵攻打齐国而被齐王处死。

于是，太尉周勃和丞相陈平商议，先派人劫持了郦商，然后胁迫郦商的儿子郦寄去游说吕禄，郦寄对吕禄说：

"高皇帝与吕后共同打下了天下，所以，刘氏立了九个王（吴王刘濞、楚王刘交、齐王刘肥、淮南王刘长、琅邪王刘泽、代王刘恒、常山王刘朝、淮阳王刘武、济川王刘太），吕氏立了三个王（梁王吕产、赵王吕禄、燕王吕通），都是大臣们共同商议好的。而且，立王之事都已经诏告了天下诸侯，诸侯们都认为很合适。"

曲周侯郦商老病，其子寄与吕禄善。绛侯乃与丞相陈平谋，使人劫郦商，令其子寄往绐说吕禄曰：『高帝与吕后共定天下，刘氏所立九王，吕氏立三王，皆大臣之议，事已布告诸侯，诸侯皆以为宜。』——《史记·吕太后本纪》

"如今太后去世，皇帝年少，阁下佩戴着赵王的符印，不赶快到自己的封国去，却担任上将军，统领重兵，留在京城，大臣和诸侯怀疑阁下另有所图。阁下为什么不归还大将军印，把兵权交还给太尉，和大臣们订立盟约。然后，离开京城，回到自己的封国去。这样一来，齐国的军队必然会回去，大臣们心里也安定了，阁下也可以高枕无忧地管辖你的千里封国了。这才是长治久安的办法啊！"

今太后崩，帝少，而足下佩赵王印，不急之国守藩，乃为上将，将兵留此，为大臣诸侯所疑。足下何不归将印，以兵属太尉？请梁王归相国印，与大臣盟而之国，齐兵必罢，大臣得安，足下高枕而王千里，此万世之利也。——《史记·吕太后本纪》

吕禄这个人政治上非常幼稚，远不如他的姑姑吕后精明，听了郦寄这一番话，觉得非常有道理，就想归还大将军印，把军权交给太尉周勃。他派人把自己的意见报告了掌握南军的吕产和吕氏宗族的老人。吕氏宗族之人有的赞成，有的反对，吕禄一时也拿不定主意。

吕禄信然其计，欲归将印，以兵属太尉，使人报吕产及诸吕老人，或以为便，或曰不便，计犹豫未有所决。——《史记·吕太后本纪》

吕禄的主意虽然未定，但是，他相信好朋友郦寄的话，常常和郦寄一块离开军营去打猎。顺便还去拜访了他的小姑姑吕媭，吕媭一听吕禄的想法，勃然大怒，说："你身为大将军，却离开军队，吕家将会永无存身之处了。"说完，吕媭把家中所有的珠玉宝器全扔到堂下，气愤地说："没有必要为别人守着这些宝贝了。"

吕禄信郦寄，时与出游猎。过其姑吕媭，媭大怒，曰：『若为将而弃军，吕氏今无处矣。』乃悉出珠玉宝器散堂下，曰：『毋为他人守也。』——《史记·吕太后本纪》

吕媭的看法和她已经死去的姐姐吕后的看法非常一致，这姐妹两在政治上都非常精明。她们深深懂得吕氏封王的后患，深深懂得掌握军权的重要。比起吕禄之辈，吕媭要精明得多。吕氏兄妹四人，两个女人，个个通晓政道；两个男人，糊里糊涂。吕氏一门，阴盛而阳衰。

受到姑姑吕媭的教训后，吕禄会转变态度吗？

九月，吕产派往齐国的使者贾寿回京，把灌婴和齐、楚联手想诛灭吕氏一事报告了吕产，并催促吕产赶快进宫拥兵自卫，挟持皇帝发布号令。平阳侯曹窋（曹参之子）无意中听到了这个消息，马上报告了太尉周勃和丞相陈平。

周勃得到这个消息，立即赶往北军大营。因为汉代京城虽有南、北二军，实际上是北军军力远远强于南军，周勃想进入北军大营控制北军。可是，周勃到北军大营门口，因为没有符节进不去。

此时，主管皇帝符节（古代用竹、木、金属制成的用作信验的器物）的纪通用符节假传皇帝的命令，让守卫北军军营大门的士兵放周勃进入北军军营。

这是非常关键的一步！周勃进不了北军军营，便无法掌握北军。纪通此举应当是首功一桩！

同时，周勃又让与吕禄关系极好的郦寄与典客（主管诸侯及少数民族事务的官员）刘揭先入营说服吕禄交权："皇上让太尉掌管北军，想让阁下回到自己的封国去。您还是早点交出大将军的印信，赶快回到封国去。

八月庚申旦，平阳侯窋行御史大夫事，见相国产计事。郎中令贾寿使从齐来，因数产曰：『王不蚤之国，今虽欲行，尚可得邪？』具以灌婴与齐、楚合从，欲诛诸吕告产，乃趣产急入宫。平阳侯颇闻其语，乃驰告丞相、太尉。——《史记·吕太后本纪》

太尉欲入北军，不得入。襄平侯通尚符节，乃令持节矫内太尉北军。——《史记·吕太后本纪》

否则，大祸就要来临了。"吕禄认为郦寄是自己最好的朋友，不会欺骗自己，于是他就拿出将军的印信交给典客刘揭，让他转交给太尉周勃。吕禄交出大将军印信是吕氏灭族的关键一环。吕禄轻信朋友，交出兵权，希望能够以此换来安全，实在是很傻很天真。

周勃进入北军军营，又拿到了将军的印信，立即传令：愿为吕氏效力的把右胳膊露出来，愿为刘氏效力的把左胳膊露出来。军令一出，军中将士个个都露出了左胳膊，支持刘氏。

军心的一边倒使拿到将军印信的周勃完全控制了北军。但是，此时的南军还在吕产的掌控之中。

怎么除掉比吕禄更难对付的吕产呢？

先看看此时吕产在忙活什么呢？吕产此时并不知道吕禄已经交出了北军的帅印，放弃北军。他正急于进入未央宫控制"后少帝"，以便以皇帝的名义诏告天下。平阳侯曹窋立即将相国吕产的动向告诉了陈平，丞相陈平召朱虚侯刘章辅佐太尉周勃，周勃让刘章负责监管军营大门，让平阳侯曹窋转告把守宫门的卫尉，一定不要让吕产进入皇宫。卫尉接到周勃的将令，严守太尉周勃的命令，不让吕产进入宫门。吕产进不了宫门，便在宫门外徘徊。周勃派把守北军军营大门的朱虚侯刘章赶快进宫，保卫皇

太尉复令郦寄与典客刘揭先说吕禄曰："帝使太尉守北军，欲足下之国，急归将印辞去，不然，祸且起。"吕禄以为郦兄不欺己，遂解印属典客，而以兵授太尉。——《史记·吕太后本纪》

太尉将之入军门，行令军中曰："为吕氏右袒，为刘氏左袒。"军中皆左袒为刘氏。——《史记·吕太后本纪》

平阳侯闻之，以吕产谋告丞相平，丞相平乃召朱虚侯佐太尉。太尉令朱虚侯监军门。令平阳侯告卫尉："毋入相国产殿门。"吕产不知吕禄已去北军，乃入未央宫，欲为乱，殿门弗得入，徘徊往来。——《史记·吕太后本纪》

帝，免得吕产入宫以皇帝的名义发布命令。

周勃此举，非常英明。自古乱世挟天子以令天下者，无不挟持皇帝号令天下。

朱虚侯刘章要求派兵，太尉周勃调了一千名士兵给刘章。刘章进入未央宫的侧门，看见了吕产。这个时候已经是下午了，刘章立即下令攻击吕产。吕产猝不及防，赶快撤走。刚好此时一阵大风，飞沙走石，刮得吕产的军队乱了阵脚，完全丧失了斗志。刘章于是一路追杀，一直追到郎中令府中的厕所里，杀死了吕产。

平阳侯恐弗胜，驰语太尉。太尉尚恐不胜诸吕，未敢讼言诛之，乃遣朱虚侯谓曰：『急入宫卫帝。』朱虚侯请卒，太尉予卒千余人。入未央宫门，遂见产廷中。日铺时，遂击产。产走。天风大起，以故其从官乱，莫敢斗。逐产，杀之郎中府吏厕中。——《史记·吕太后本纪》

刘章杀了吕产，"后少帝"派使者拿着旄节慰问刘章。刘章想夺使者的旄节，使者不给，刘章干脆把手持旄节的使者强行放到车上，火速赶往长乐宫（太后寝宫）。由于有手持旄节的使者在车上，刘章顺利地进入长乐宫，将长乐宫卫尉吕更始杀死。

刘章独自一人杀死吕产、吕更始，将未央宫、长乐宫的吕氏党羽一网打尽，这意味着什么呢？这意味着只有死敌、没有死党的吕氏外戚派的彻底失败。

朱虚侯已杀产，帝命谒者持节劳朱虚侯。朱虚侯欲夺节信，谒者不肯，朱虚侯则从与载，因节信驰走，斩长乐卫尉吕更始。——《史记·吕太后本纪》

周勃：一个也不能少

然后，刘章向太尉周勃做了汇报。周勃一听

刘章杀了吕产，赶快起身向刘章一拜：我最担心的是身为相国又控制南军的吕产，如今吕产已被杀，天下大事定了啊！

于是，周勃立即发布命令，分头派人逮捕诸吕男女，不论年长年幼，一律杀死。

第二天，吕禄被捕杀，吕嬃被乱棍打死。

接着，周勃又派人诛杀了燕王吕通，废了鲁元公主的儿子鲁王张偃的王位。

京城中的这场政变刚刚结束，周勃立即派刘章亲自将诛杀诸吕之事通告齐王刘襄，让刘襄撤兵，灌婴也从荥阳撤军退回关中。

权倾一时的吕氏外戚派，短短数天之中全部被诛杀。此时，离吕后去世的七月才仅仅两个月。

吕氏外戚派为什么会这么迅速地被灭族呢？

吕后大杀皇子、大封诸吕导致皇族派、功臣派和外戚派的严重对立。

吕后掌权期间，受损最大的是皇族派。

吕产、吕禄分掌南军、北军，架空了太尉周勃，自然也引发了周勃的不满。

功臣派和皇族派的联手夹击，吕禄、吕产的无能，最终导致吕氏外戚派迅速灰飞烟灭。这是权倾一时的吕后始料不及的。最让人悲催的是，吕后对刘氏皇族派进行了血腥的清洗，目的是让吕姓上位。但是，吕后死后仅仅两个月，刘姓皇族派与功臣元老派便联手对吕氏一族进行了灭族。吕后生前制造了诸多冤案，结果，吕后一死，皇族派与功臣派又制造了新的冤案，二者的血腥做法没有什么不同，区别只在于受害者与施害者换了个位置。这才是中国历史上最可怕的事情。

吕后至死不明白：权力是有边界的！无限度、无边界地使用权力叫滥权。滥权的结果非常可怕。如果吕后死后有知，当她得知自己死后仅仅两个月吕氏全族被灭，她会作何感想？吕后一心想的是让吕氏做大做强，最终却被灭族，真是"君看剃头者，人亦剃其头"。

那么，对这位在中国历史上第一位独揽皇权的女主究竟应该怎么看待呢？

请看：功过是非。

吕后的一生非常复杂，作为中国古代第一个临朝称制的女主，执掌朝政长达八年。她有许多秽政，杀功臣，诛皇子，虐杀戚夫人。但是她还有一些德政，她为汉代经济的发展、社会的稳定也做了一些好事。这么一个非常复杂的多面人物，我们该怎样评价她？该怎样认识她？

十一

功过是非

最后时刻的"关心"

吕后执政的八年，虽然宫廷斗争非常残酷，但是，天下却太平无事。吕后祸国而不殃民。这究竟是为什么呢？

高祖十二年 (前195)，刘邦征讨黥布时再次受了箭伤。未回到长安已经病势沉重，吕后派人找来良医，打算为刘邦治疗箭伤。医生进来后，刘邦询问了自己的病情，医生说，可以治疗。刘邦骂道："我以一个布衣百姓之身，手提三尺剑夺取天下，这就是天命啊！今天即使让扁鹊来给我治病，又有什么用？"于是，他拒绝治疗，赏了医生一笔钱，打发医生回去了。

其实，刘邦已预感到自己的大限将至。

吕后看到刘邦病成这个样子，而且拒绝治疗，这在刘邦一生中是从来没有过的。于是，吕后也预感到刘邦将不久于人世，她急忙向刘邦询问："陛下百年后，如果萧相国病故，谁可以替代他？"刘邦说："曹参可以。"吕后又问："曹参之后呢？"刘邦回答："王陵可以。但是，王陵这个人稍有点粗直，认死理。陈平可以协助他。陈平智谋有余，然而难以独担大任。周勃沉着厚道，不善花言巧语，可以让他担任太尉。"吕后再问下面的继承人，刘邦说："这以后的事你也不用知道了。"

刘邦临死之前吕后和刘邦的这段对话非常值得

高祖击布时，为流矢所中，行道病。病甚，吕后迎良医。医入见，高祖问医。医曰：『病可治。』于是高祖谩骂之曰：『吾以布衣持三尺剑取天下，此非天乎？命乃在天，虽扁鹊何益！』遂不使治病，赐金五十斤罢之。——《史记·高祖本纪》

玩味。

第一，吕后非常关心刘邦百年之后相国的人选。

吕后关心萧何之后相国的人选，说明她非常重视相国的人选。这一事实本身说明吕后此时最为关心的是政局的稳定。在帝国的体制之下，皇帝与相国的人选最为重要，因为他们是皇权与相权的执行者。萧何被刘邦称为"三杰"之一，就是因为他是最理想的相国。

关心刘邦心中的相国继承人，说明吕后在刘邦去世之际以及惠帝即位后，首要关注的是国家政局的稳定。

第二，吕后基本上执行了刘邦选定的相国人选。

刘邦去世之后，萧何（惠帝二年卒）、曹参（惠帝五年卒）、王陵（惠帝六年任、高后元年免）、陈平相继为相，直到惠帝去世，吕后大封诸吕时，由于王陵以白马盟誓为理由拒绝封诸吕为王，吕后才调走王陵，提拔自己的幸臣审食其为左丞相。

到此为止，吕后才部分改变了刘邦定下的丞相人选。吕后此时改变刘邦丞相人选的原因是此时的吕后非彼时的吕后。彼时（刘邦弥留之际）吕后有儿子在，有希望在，有信心在；此时（惠帝去世之后）的吕后成为孤家寡人，培植吕氏一党成为她此时执政的核心。她要利用自己手中的权力大力扶持吕氏外戚派的势力。唯此，吕后才迫不及待地改变了刘邦定下的相国人选，改用自己的幸臣。

吕后有私心，而且有时私心极重，但是她没有篡夺刘姓江山的野心。她关心并任用刘邦选定的相国人选，证明她没有篡夺刘姓江山的野心。同时，也说明吕后在后刘邦时代最关心的是政局的稳定。

除了重用刘邦遗言认可的丞相，吕后在政治上还有什么作为呢？

该废的都得废

陈胜、吴广振臂一呼，天下云集响应，其中，一个重要的原因是天下百姓对秦朝的苛法恨之入骨。刘邦入关之后，立即"约法三章"，扬言把烦琐复杂的秦朝苛法全部废掉，只保留三条法律："杀人者死，伤人及盗抵罪。"

稍有法律常识的人都知道一个国家的法律是非常复杂的一个整体，绝对不可能用三条法律条文代替一切法律，这简直是天方夜谭。但是，刘邦的"约法三章"在当时却产生了巨大的社会效应，秦地百姓欢欣鼓舞，全国百姓举手赞成。为什么？因为秦朝的法律实在太苛刻太烦琐，无论哪位政治强人提出废除秦朝苛法，全国百姓都会额手称庆，奔走相告。因为秦朝的苛法给天下苍生带来的痛苦实在太多太多。

但是，刘邦的"约法三章"仅仅是一个口号，一种政治姿态，并不切合实际。一旦刘邦当了皇帝，马上就不再提"约法三章"了，汉初执行的法律实际是秦法。人们常说"汉承秦制"，这不仅表现在政治制度上，而且也表现在法律上。

从刘邦建汉开始，一直到高祖十二年（前195）刘邦去世，"三族罪"一直在执行。"三族罪"是族诛的一种。族诛的目的有两个：一是斩草除根，二是恐吓惩戒。那么，"三族"的范围有多大？历史上说法不一。

第一，父、子、孙三代。《周礼·春官·小宗伯》："掌三族之别，以辨亲疏。"郑玄注："三族，谓父、子、孙。"

子婴遂刺杀高于斋宫，三族高家以徇咸阳。
——《史记·秦始皇本纪》

第二，父族、母族、妻族。《大戴礼记·保傅》："三族辅之。"卢辩注："三族，父族、母族、妻族。"《汉书·高帝纪下》："诏敢有随亡，罪三族。"颜师古注引如淳曰："父族、母族、妻族也。"第二种说法很普遍，这个范围就很大了，和父亲有血缘关系的，和母亲有血缘关系的，和妻子有血缘关系的，这三族全要灭族。

第三，父母、妻子、同产。什么叫"同产"呢？"同产"就是同一个母亲生下来的兄弟姐妹。此说源自《史记·秦本纪》张晏（三国时人）的注释。他说三族指的是父母、妻子、同产。这种说法杀戮面相对较少，有父母、有妻子、有兄弟姐妹，当然这个"妻子"包括妻和子。

"夷三族"是指一人犯罪而诛其三族。《史记·秦始皇本纪》记载秦王子婴杀赵高时就把赵高的三族全杀了。

刘邦在世的时候，谁被"夷三族"呢？韩信、彭越都是灭三族。灭三族不光是杀人多，灭三族的刑法更是非常残酷，灭三族可不是一刀杀了就了断啊。据《汉书·刑法志》记载，灭三族的过程是这样的：第一步，黥，先在面部刺字。第二步，劓，把鼻子割掉。第三步，把左右手的手指和脚的趾头剁掉，这个叫作"斩左右止"。第四步，笞杀之，用乱棍打死。第五步，枭其首，人死了以后，把头砍掉。第六步，已经到这个程度了，还要把死者的尸体制成肉酱，这叫"菹其骨肉"。彭越死的时候，把彭越的尸体制成肉酱分给天下诸侯，那不

汉兴之初，虽有约法三章，网漏吞舟之鱼。然其大辟，尚有夷三族之令。令曰：『当三族者，皆先黥，劓，斩左右止，笞杀之，枭其首，菹其骨肉于市。其诽谤詈诅者，又先断舌。』故谓之具五刑。彭越、韩信之属皆受此诛。
——《汉书·刑法志》

是临时想出来的，而是秦朝的法典记载的，"夷三族"就是这样一步一步把人杀死的。所以"夷三族"罪不但杀人多，而且一步一步让人如此痛苦而死，极其残酷。而且，越是上古时代，"夷三族"越残酷。据历史记载，最早的族诛，商代就有了。韩信、彭越被"夷三族"是很让人同情的。因此，韩信之死，并不是所谓的不见天、不见地、不见铁器，那个说法不准确，"夷三族"是按照规定一步一步地把人杀死的。

高后元年 (前187)，下诏"除三族罪"。吕后"除三族罪"前曾有惠帝打算"除三族罪"，但是，没有等到操作阶段，惠帝下世。吕后临朝称制后，立即下令不再实行夷三族。其中，"三族"指的是父母、妻子、兄弟。

元年春正月，诏曰：『前日孝惠皇帝言欲除三族罪、妖言令，议未决而崩。今除之。』——《汉书·高后纪》

但是，"三族罪"并未因吕后明令废除而真正消亡，反倒逐渐发展至五族、七族、九族，最终到明成祖朱棣发展到"十族"。

明太祖朱元璋小时候当过牧童、和尚，要过饭，最后投效元末起义军郭子兴，身经百战，历时十六年，终于驱逐元人，建立大明王朝，定都南京。明太祖朱元璋共有二十六个儿子。鉴于隋、唐君主大权旁落于藩镇，导致衰亡。又鉴于宋代内重外轻，以致外侮纷至沓来，导致亡国。于是，分封诸子。但是，朱元璋的分封是只封王，不给土地；只有爵位，不能管理百姓；只有俸禄，不管政务，以预防前朝弊端的发生。

洪武元年 (1368) 正月，朱元璋正式登基称帝。他册封马氏为皇后，立朱标为皇太子。但是，由于太子朱标早逝，朱元璋遗诏传位于太孙朱允炆。

朱元璋封诸子之时，除了立朱标为太子，还封第二子为秦王、第三子为晋王、第四子为燕王。这位燕王就是后来的明成祖朱棣。

朱允炆即位之后，实行削藩，以削弱诸王的势力。朱棣于是在建文元年 (1399) 七月发动靖难之役，到建文四年 (1402) 六月攻入南京，夺取了皇位，第二年改元永乐 (1403–1424)。

朱棣进入南京之后，第一个要降服的就是方孝孺。

方孝孺是明初第一大儒，而且是辅佐朱元璋的皇长孙建文帝的重臣，桃李满朝廷。所以，收服了方孝孺，就可以收服整个金陵的官员。

但是，方孝孺一身傲骨，两次见新皇帝都是披麻戴孝、号啕大哭。朱棣恳请他代拟诏书，实际上逼他表态。但是，方孝孺只写了"燕贼篡位"四个大字。朱棣问他："难道你不怕死吗？"方孝孺回答："要杀便杀，诏书我不可能写。"朱棣又问："难道你不顾及你的九族吗？"方孝孺回答："不要说九族，诛灭十族我也不怕。"这一下明成祖朱棣火了，在方孝孺九族之外，加上"门生"凑成十族，统统杀掉。

明成祖灭方孝孺十族，死者达八百三十七人之多。

与"除三族罪"同时颁布的还有"除妖言令"。什么叫"妖言"？唐人颜师古做的注释说："过误之语以为妖言。"

诸如"始皇帝死而地分""亡秦者胡也""楚虽三户，亡秦必楚""东南有天子气"等传言，即是秦朝严厉打击的妖言。其实，你的话我听了不顺耳，这就是妖言。这些传言是民间流传的一种舆论。秦朝对这些"妖言"采取严厉打击的办法钳制民口，压制社会舆论。妖言令就是一块透明胶布，把你的嘴全封住了，钳制你的舆论，谁也不能讲话，你一讲话，就是妖言，妖言惑众，这就要杀。这样，"妖言令"成为秦朝中央政府随意打击舆论的一种借口，激起了民众的强烈反抗情绪。

吕后除三族罪、妖言令的意义何在呢？

秦朝的苛法与暴政，是秦王朝速亡的重要原因。秦末起义，就以"诛暴秦，伐无道"作为发动民众起来反秦的一种口号，可见，苛法是秦朝大失人心的重要内容之一。

吕后废除"三族罪""妖言令"，目的正在于废除秦朝的苛法。

刘邦入关之后，立即与关中父老相约："法三章耳：杀人者死，伤人及盗抵罪。余悉除秦法。"目的就在于顺应民心，争取民心。但是，刘邦的约法三章只是临时性的措施，此时刘邦不可能也没有来得及全面清除秦朝苛法。汉高祖初年至其十二年，所用法律基本上仍是秦律。

刘邦称帝之后，忙于四处平叛，仍然来不及解决这些苛法。刚刚平定完黥布之乱，刘邦就去世了。惠帝即位之后，做了一些废除秦朝苛法的工作，如废"挟书律"。"三族罪""妖言令"也是惠帝时想废除而没有来得及废除的苛法，随着惠帝的早逝，这些苛法直到高后元年（前187）才正式被明令废止。

吕后主政期间，废除秦朝的苛法，目的是缓和当时的官与民的矛盾。这显然对社会经济的发展有利。另外她废除了对商人的很多限制。刘邦在世时对商人有很多限制，商人不能穿丝绸衣服，商人不能乘车，吕后把它们都废了。中国古代社会历来对商人压制得很厉害，压制商人，商品经济不能发展，对老百姓没有好处，所以吕后的德政还是不少的。

在经济生活中，吕后对商人相对宽松，不像刘邦那样，下令商人不能穿丝织衣服，不能乘车，而且还要用"重租税"对商人进行打击。这对于促进商业贸易，改善百姓生活有着积极的作用。

吕后在内政上也不仅仅忙于权力之争，而且是顺应实行休养生息的政策。这为医治战争创伤提供了良好的社会环境。

废除秦律中"挟书者族"的酷法。从此以后，官员、百姓抄看《诗》《书》《礼》《易》《乐》《春秋》等历史文化典籍不再犯法，这对我国古代传统思想和文化的传播起了巨大的作用。

吕后确实推行了一些德政，但是，这些事情留给后人的印象并不深，而她的秽政却让历史永远记住了她，这究竟是为什么呢？

天下已平，高祖乃令贾人不得衣丝乘车，重租税以困辱之。孝惠、高后时，为天下初定，复弛商贾之律。——《史记·平准书》

奇妙的"历史"记忆

吕后让后人印象最深的是她杀功臣、虐戚姬、诛皇子、封诸吕，而她的惠政、德政却很少为人记起，只有历史学家在评价吕后时，才会提到这些尘封的惠政、德政，这的确是一个耐人寻味的问题。

人们对历史人物的评价，一般可以分为两个层面：一是历史评价，二是民间评价。

历史评价是史学家的评价。因此，比较客观，注重理性。在历史评价上，历史学家往往看到吕后的德政，肯定了她在稳定汉初政局、减轻刑罚、发展经济方面的努力和贡献。

司马迁在《史记·吕太后本纪》对吕后颇多赞扬之词：惠帝、吕后主政之时，黎民百姓脱离了战乱的苦难。君主臣下都想让百姓得到休养生息，所以，惠帝无为，吕后称制，足不出户，天下安定。刑罚少用，罪犯极少，百姓致力庄稼，衣食丰盛。

班固《高后纪赞》几乎用了与司马迁《史记》同样的话，盛赞吕后对天下的治理。

因此，历史评价相对来说较为客观。

但是，民间评价则不一样，民间评价更多地关注人性。吕后的民间形象之所以如此恶劣，主要有以下三方面的原因：

孝惠皇帝、高后之时，黎民得离战国之苦，君臣俱欲休息乎无为，故惠帝垂拱，高后女主称制，政不出房户，天下晏然。刑罚罕用，罪人是希。民务稼穑，衣食滋殖。——《史记·吕太后本纪》

孝惠、高后之时，海内得离战国之苦，君臣俱欲无为，故惠帝拱己，高后女主制政，不出房闼，而天下晏然，刑罚罕用，民务稼穑，衣食滋殖。——《汉书·高后纪》

第一，牝鸡司晨。

"牝 (pìn) 鸡司晨"一词出自《尚书·牧誓》："牝鸡无晨。牝鸡之晨，惟家之索。"雄鸡报晓人们都认为非常正常，"牝鸡"，是母鸡，所以，"牝鸡司晨"被人们视为反常。牡 (mǔ) 鸡是雄性的鸡，所以，"牡鸡司晨"则被人们认为是正常。因此，人们常用"牝鸡司晨"这一成语形容女性主政。当然，这是中国古代社会对女性歧视的一种表现。

吕后作为中国历史上第一位称制的女主，备受后人关注。因此，吕后称制期间的一些错误更被人们视为牝鸡不能司晨的例证。因此，同样的做派，在男性君主身上可能还不大引人注意，而发生在女主吕后身上，则被后人大肆诟病抨击。

我举一个例子，刘邦有八个儿子，来自八位母亲。其实，刘邦亲密交往的女性远不止这八位。但是吕后呢？据说有一个宠幸的臣子，叫审食其。我曾经讲过这个问题，但是刘邦有那么多妃嫔，大家觉得正常啊，吕后要有一个，就觉得这不得了，那个审食其就有些人说他是中国十大男宠之首，这不公平。所以女主主政，特别容易受到人们的诟病、批评，所以女性领导人，她的一举一动，特别受人关注。

第二，人性缺失。

民间抨击吕后的过失主要有四点：一是杀功臣，二是虐戚姬，三是诛皇子，四是封诸吕。吕后恰恰在这四个方面都表现出人性的严重缺失。

先谈杀功臣。

在民间评价中，最受中国民众关注的是道德评价。

韩信、彭越是刘邦建汉的最大功臣，因此，韩信、彭越被吕后惨杀最为民间评价所不齿。因为知恩图报是中国民间道德评价中极为重要的一项内容。

于私，韩信是吕后的恩公。韩信攻占齐国，切断项羽粮道是项羽被迫同意鸿沟议和的主要原因。没有韩信，吕后不可能被解救。但是，吕后却最终杀掉了自己的恩公。

于公，韩信是汉朝的恩公。没有韩信的合围垓下，不可能灭项，当然也不可能建汉。

一个忘恩负义，杀掉自己恩公的人，人们怎么可能给她一个好评？

民间一直流传着吕后杀韩信"三不见"的故事，说高祖刘邦曾经和韩信有一个约定：见天不杀，见地不杀，见铁器不杀。

那么吕后是怎样杀韩信的呢？她把韩信装进一个布袋里，把他兜起来，悬起来，上不见天，下不见地，然后用竹签子，一点一点把他刺死，这个说法没有任何历史记载，纯属民间文学。但是民间文学的创作，它是有来头的，这个民间文学的来源，是来源于对吕后残忍的基本认识，在吕后残忍这个基本认识的基础上，杜撰出来的，如果吕后是一个贤惠的人，你杜撰这个没有人相信，而这一个"三不见"，现在流传很广，很多人知道这个故事，甚至以为这就是正史的记载，其实这是子虚乌有，绝无其事。这正说明吕后的民间形象非常恶劣。知恩不但不图报，而且是以怨报德，这么一个以怨报德的人，怎么能够得到民间百姓的善评呢？不可能啊，这是杀功臣。

再谈虐戚姬。

吕后杀戚夫人，制造"人彘"事件是她人生的一大败笔！

戚夫人确有取死之道，我们前面讲过，戚夫人她最大的失误，就是她不应当仰仗着刘邦的宠爱挑战吕后和太子的位置。这是她的失误。但是这个失误罪不至诛啊，不至于死啊，而且她是怎么死的，是"人彘"啊，这个"人彘"事件发生以后，史书记载，吕后让她的儿子去看看"人彘"，汉惠帝是吕后的亲生儿子，她儿子竟说了一句话，"此非人所为"，这就不是人办的事。连她亲生的儿子都这样看，你想想老百姓如果知道这件事情，会怎么看待吕后？吕后在所有的事件中间，这个"人彘"事件是她人生中最大的败笔。你可以杀，可以囚，这都可以，但你非要制成"人彘"，还要让自己的儿子来看，向自己的儿子炫耀，这一下子把自己的儿子吓傻了，这个事情，在吕后的人生中，是最残忍也最为后人所不齿的事件。所以"人彘"事件是吕后一生最大的败笔，民间有一个很强的心理，就是同情弱者。戚夫人固然有取死之道，戚夫人在挑战失败以后，她已经是弱者了，她作为一个弱者，你这样残酷地虐待她，最后把她害死，把赵王刘如意毒死，你能得到民间的善评吗？不可能啊。所以民间的善评绝不可能给吕后，这就是吕后形象恶劣的又一个原因，也是她人性缺失的一个方面。再进一步说，这已经不是人性缺失了，而是丧尽天良，毫无人性。如果她这样做不是对戚夫人一个人，是对很多人，那么我们今天就有一个新的罪名，叫"反人类罪"，那就更重了，因为你这个做法，是极不人道的做法，所以她不可能得到善评。

"此非人所为"，当然是人性的严重缺失。

吕后与戚夫人的"战争"，戚夫人是"战争"的发起者，是施暴者，吕后是受虐者。但是，历史开了个大玩笑，施暴者最终成了受虐者，受虐者却成了施暴者。在现实的生活中，吕后胜利了，戚夫人失败了。但是，正义不一定属于胜利的一方，邪恶也不是失败者的专利。历史将胜利者吕后永远钉在了耻辱柱上，却给了失败者戚夫人无限的同情。历史与现实的巨大反差真是一个莫大的讽刺。

第三，谈诛皇子。

刘邦有八个儿子，吕后直接或间接地杀掉了五个，真是创下了历史之最！皇长子齐王刘肥，仅仅因为惠帝家宴让刘肥坐上座，刘肥也傻乎乎地坐了上座，引来了一场杀身大祸。最终献了一个郡为鲁元公主的汤沐邑，认了妹妹鲁元公主为"王太后"才得以脱身。这种奇耻大辱，导致齐王刘肥郁闷之极，没几年就死了。皇次子刘盈是嫡长子，继位为惠帝，因为被母亲吕太后召去看了惨遭虐待的戚夫人，从此不理朝政，沉湎酒色，数年而亡。惠帝虽为病死，但二十三岁辞世，实际上是间接为吕后所戮。皇三子赵王刘如意，被吕后派人毒杀。皇六子淮阳王刘友，在赵王刘如意死后改封为赵王，终被吕后幽禁饿死京城。皇五子梁王刘恢在两任赵王死后再次徙封赵王，因不满吕后指派的吕姓王后，自杀。刘邦的第三、第五、第六三个儿子全死在赵王任上，分别被吕后毒杀、饿杀、逼杀。至此，高祖的八个儿子，吕后干掉了五位。皇八子燕王刘建病死，其子被吕后所杀。至吕后去世之时，刘邦的八个儿子，吕后杀掉了五个，病死一个，仅剩下皇四子代王刘恒和皇七子淮南王刘长。

第四，谈封诸吕。

吕后做的第四件错事是封诸吕。大封诸吕也得不到民间的善评。因为在民间评价中，除了我刚才说的知恩图报，同情弱者，民间评价还有一个重要的原则，就是民间评价非常重视正统观念。汉朝的江山姓什么？姓刘，天下人公认姓刘，你姓吕的去拿，姓刘的不答应，天下的百姓不认可，后世的人也不认可。这叫什么，这叫窃国。老百姓之所以不认可，是因为封建正统观念在中国民间流传极广。如果你是刘姓，封王，大家无可厚非，因为王爷都是生出来的，不是干出来的。你不姓刘，你非要去占那个王，民间不认可，公然违背刘邦的白马盟誓"非刘不王"的盟约。在这一点上，吕后违反了民间评价的一个重要原则，就是正统思想。她这个做法和正统思想是背道而驰，所以她也得不到民间评价的认可。

虽然吕后此举并不是要篡夺刘姓江山，但是，毕竟吕姓封王的来路不正。不仅当时大臣不服，而且民间也不认可。因为在反秦、灭项两大斗争中吕后都没有做出重大贡献，凭什么就要封三位吕姓诸侯王？

更何况吕后封的三位吕姓王是在刘姓王的血泊中建立起来的。

将刘姓梁王迁走，立吕姓梁王。迫害致死了三位刘姓赵王，然后再立一位吕姓赵王。刘姓燕王死了，杀了他的儿子，将刘姓燕国除国；然后，封吕姓为燕王。

这种做法让人们感到吕后是在刘姓诸侯王的血泊中封吕姓为王的，这种行径怎么能得到民间的善评？

从上述几个方面来看，吕后一生很大的一个失误，就是人性缺失。人性缺失，导致她的民间形象极其丑陋。她的作为让人们感到她过于凶残、暴虐，何况她又是一位女主，因此，民间的恶评非常自然。

吕后确有德政，而且她的德政保证了汉初的政局稳定，促进了社会经济的发展，其拯救的人数大大超过她杀戮的功臣、皇子。但是，这些德政不是针对某一个具体的人，也没有具体生动的故事。因此，这些德政很难让民间百姓记住。

结果，吕后的民间评价出现了一些独特的现象：一些突出表现她人性缺失的事件往往被人们放大了，牢牢记住了，而一些表现她德政的具体措施却没有被人记住。因此，吕后的民间形象就变得非常丑陋了。"历史"的记忆往往如此奇特，令人深思。

为什么"历史"会有这样的记忆呢？

因为这里的"历史"只是每位读者心中的历史。这类"历史"属于"接受的历史"，不是"真实的历史"，也不是"记录的历史"。"接受的历史"更多受"传播的历史"的影响。在"传播的历史"中，文学起到了巨大的作用。元杂剧马致远《吕太后人彘戚夫人》、京剧《斩戚姬》、川剧《观人彘》，讲史平话和历史演义如《前汉书平话》《全汉志传》《两汉开国中兴传志》《西汉演义》等无不围绕"人彘"事件大做文章。中国的观众正是通过大量文学作品认知了吕后，了解了吕后虐杀戚夫人的"人彘"事件。除了专业的历史研究者，谁会全面研究吕后的功过是非呢？元杂剧如王仲文《吕太后探韩信》、李寿卿《吕太后使计斩韩信》、石君宝《吕太后醢彭越》，粤剧《吕后斩信》，京剧《斩彭越》等皆极力演绎吕后的"残忍恶毒、心狠手辣"。这些文艺作品对读者认知吕后的作用绝对不可小觑。

吕后的所作所为让她成为汉代四百二十六年历史上的一个侵吞皇权的典型案例。

汉武帝晚年遇到钩弋夫人，异常宠爱。钩弋夫人为汉武帝生下了刘弗陵（汉昭帝）。但是，当汉武帝确定立刘弗陵为太子时，却找借口杀死了钩弋夫人。这件事连武帝身边的人都不理解，所以，当武帝询问他杀钩弋夫人有何反响时，他身边的人都说："既然要立钩弋夫人的儿子为太子，为什么要杀刘弗陵的母亲钩弋夫人？"武帝的回答出乎所有人的意料："这不是你们一般人所了解的。自古国家出现动乱，其中一个重要的原因是皇帝年幼，母后年轻。年轻的母后为所欲为，秽乱后宫，但却无人可以制止。你们没有听说过吕后的事吗？"大家听后才恍然大悟。因此，所有为武帝生过孩子的妃嫔，无论生男生女，其母没有一个不被处死的。汉武帝这种灭绝人性、保持稳定的方法竟然被为《史记》做整理补充的褚少孙大加赞赏，称之为有"远见"，为后世考虑得长远。可见，吕后作为中国古代帝国时代的第一位女主影响既大又深。

其后帝闲居，问左右曰："人言且立其子，何去其母乎？"帝曰："然。是非儿曹愚人所知也。往古国家所以乱也，由主少母壮也。女主独居骄蹇，淫乱自恣，莫能禁也。女不闻吕后邪？"故诸为武帝生子者，无男女，其母无不谴死，岂可谓非贤圣哉。昭然远见，为后世计虑，固非浅闻愚儒之所及也。谥为『武』，岂虚哉。——《史记·外戚世家》

汉光武帝刘秀认为，高皇帝刘邦与大臣约定：非刘氏者不得封王。吕太后残害三任赵王，有意加封吕姓为王。幸亏社稷有灵，吕禄、吕产被诛，使大汉社稷得以稳定。因此，吕太后不应当配食高皇帝庙。光武帝刘秀将吕后从高皇帝刘邦的祖庙中迁出，以示贬义。

吕后作为中国两千多年帝国历史上的第一位女主，她为巩固西汉政权，稳定汉初政局，发展汉初经济，废除秦朝苛法，做出了一定的贡献，值得肯定。但是，她的凶残、暴虐，使她的民间形象变得非常丑陋，同样值得人们深思。当辉煌已成为往事，若吕后有灵，不知她是否也会有反思。

吕后执政八年，政坛血雨腥风。但是，整个国家的经济却在慢慢复苏，成为"文景之治"的前奏。因此，在人们的眼中，吕后似乎只祸国不殃民。历史真是这样的吗？绝对不是。祸国者必殃民。吕后专权，祸乱国体，严重破坏了汉帝国的政局。更为可怕的是，吕后诛功臣、杀皇子、虐戚姬、封诸吕等乱政之举给后世觊觎帝位的野心家开了一个恶例，提供了一个"成功"的范例：权力支持下的杀戮可以摆平一切！政治恐怖是治理国家的灵丹妙药！这就在更大程度上、更大范围内给中华民族带来了更大的灾难。

高皇帝与群臣约，非刘氏不王。吕太后贼害三赵，专王吕氏，赖社稷之灵，禄、产伏诛，天命几坠，危朝更安。吕太后不宜配食高庙，同祧至尊。——《后汉书·光武帝纪》

附录

刘章的年龄

《史记 齐悼惠王世家》载:"三赵王皆废。高后立诸吕为三王,擅权用事。朱虚侯年二十,有气力,忿刘氏不得职。"据此上下文看,知道了"三赵王皆废。高后立诸吕为三王"的时间,就知道了刘章二十岁是哪一年了。

齐哀王刘襄八年(前182),吕后拿齐国的琅邪郡封刘泽为琅邪王。第二年(前181),赵王刘友进京,被幽禁饿死。三任赵王全部遇难,吕后封三位吕氏外戚为王,专权主政。朱虚侯刘章年二十,特别痛恨刘氏皇族不志,吕氏外戚掌权。这则文献中"朱虚侯年二十"一句是现存文献中明确记载刘章年龄的唯一材料。从这条文献的行文来看,"其明年"三字特指赵王刘友之死,和"朱虚侯年二十"一句关联性不强。因此,不应以"其明年"确定公元前181年刘章二十岁。"朱虚侯年二十"一句紧跟在"三赵王皆废。高后立诸吕为三王,擅权用事"三句之后,因此,和这三句关联度较高。"三赵王皆废"中的"三赵王"之死相距甚远。第一任赵王刘如意死在前194年,第二任赵王刘友、第三任赵王刘恢均死于前181年。所以,文献中的"三赵王皆废"是指刘氏皇族遭受的迫害,并非指某一年。

同样,三位吕姓诸侯王也不是一年所封。高

后二年（前187），吕后封其侄子郦侯吕台为吕王，把齐国的济南郡赏给吕台作封地。

次年，吕台下世，其子吕嘉继嗣，因吕嘉骄恣无道，高后六年十月，吕后废了吕嘉，改封吕台的弟弟吕产为吕王。高后七年二月，吕后将梁王刘恢改封为赵王，徙封吕产为梁王。高后七年，封吕禄为赵王。高后七年九月，燕王刘建病死。但是，留下了一个后宫美人生的儿子。吕后派人杀了这个孩子，再以无后的名义废除了燕国，并在高后八年十月，立吕通为燕王。"三吕王"吕产、吕禄、吕通被立为王的时间各不相同。最早的吕王是吕通之父吕台，高后二年受封吕王。最晚的吕王是吕台之子吕通，高后八年受封燕王。

因此，这个时间应当是高后八年。

《资治通鉴》卷十三记载此事时说："是时，诸吕擅权用事；朱虚侯章，年二十，有气力，忿刘氏不得职。"可见，司马光《资治通鉴》中认为刘章"年二十"是"诸吕擅权用事"之时，这个时间应当是高后八年。

二月，徙梁王恢为赵王。吕王产徙为梁王。——《史记·吕太后本纪》

二年，高后立其兄子郦侯吕台为吕王，割齐之济南郡为吕王奉邑。——《史记·齐悼惠王世家》

六年十月，太后曰吕王嘉居处骄恣，废之，以肃王台弟吕产为吕王。——《史记·吕太后本纪》

太傅产、丞相平等言，武信侯吕禄上侯，位次第一，请立为赵王。太后许之……九月，燕灵王建薨，有美人子，太后使人杀之，无后，国除。八年十月，立吕肃王子东平侯吕通为燕王。——《史记·吕太后本纪》

图书在版编目（CIP）数据

无冕女皇吕后 / 王立群著. — 北京：东方出版社，2024.5

ISBN 978-7-5207-3513-1

Ⅰ.①无… Ⅱ.①王… Ⅲ.①吕后（前241-前180）—传记

Ⅳ.①K827=341

中国国家版本馆CIP数据核字（2023）第114032号

无冕女皇吕后
(WUMIANNÜHUANG LÜHOU)

作　　者：王立群		
策 划 人：王莉莉		
责任编辑：赵　琳		
产品经理：赵　琳		
书籍设计：潘振宇		
出　　版：东方出版社		
发　　行：人民东方出版传媒有限公司		
地　　址：北京市东城区朝阳门内大街166号		
邮政编码：100010		
印　　刷：北京汇瑞嘉合文化发展有限公司		
版　　次：2024年5月第1版		
印　　次：2024年5月第2次印刷		
印　　数：6001—56000册		
开　　本：880毫米×1230毫米　1/32		
印　　张：7.125		
字　　数：152千字		
书　　号：ISBN 978-7-5207-3513-1		
定　　价：49.00元		
发行电话：(010)85924663　85924644　85924641		